Câncer
Pr...

Rituais
2025

Alina Rubi

Publicado de forma independente

Todos os Direitos Reservados © 2025

Astrólogo: Alina Rubi

Edição: Alina Rubi e Angeline Rubi

rubiediciones29@gmail.com

Nenhuma parte deste anuário de 2025 pode ser reproduzida ou transmitida de qualquer forma ou por qualquer meio eletrônico ou mecânico. Incluindo fotocópia, gravação ou qualquer outro sistema de arquivamento e recuperação de informações, sem a permissão prévia por escrito do autor.

Quem é o Câncer?	11
Personalidade cancerígena	12
Horóscopo Geral do Câncer	14
Amor	16
Economia	17
Saúde	19
Datas Importantes	20
Câncer Horóscopo Mensal 2025	21
janeiro de 2025	21
Números da Sorte	22
fevereiro de 2025	23
Números da Sorte	24
Março de 2025	25
Números da Sorte	25
Abril de 2025	26
Números da Sorte	27
maio de 2025	28
Números da Sorte	29
junho de 2025	30
Números da Sorte	31
Julho de 2025	32
Números da Sorte	33
Agosto de 2025	34
Números da Sorte	35

Setembro de 2025	35
Números da Sorte	36
Outubro de 2025	37
Números da Sorte	38
Novembro de 2025	39
Dezembro de 2025	41
Números da Sorte	41
As cartas do tarô, um mundo enigmático.	42
O Mundo, Carta de Tarot para Câncer 2025	45
Cor da sorte	46
Câncer	48
Amuletos da Sorte	49
Quartzo da sorte para 2025	51
Câncer de quartzo da sorte /2025	54
Compatibilidade com câncer e signos do zodíaco	56
Câncer e vocação	70
Melhores Profissões	70
Sinais com os quais você não deve fazer negócios	70
Sinais de parceria com	71
El Stress. Um obstáculo no caminho para 2025	72
Narcisismo Digital	76
Lua no Signo de Câncer	80
A importância do Signo Ascendente	82
Ascendente em Câncer	87
Áries – Câncer Ascendente	88

Touro – Ascendente em Câncer 89
Gêmeos – Câncer Ascendente 90
Câncer – Câncer Ascendente 91
Leão – Ascendente em Câncer 91
Virgem – Ascendente em Câncer 92
Libra – Câncer Ascendente 93
Escorpião – Ascendente em Câncer 94
Sagitário – Ascendente em Câncer 94
Capricórnio – Câncer Ascendente 95
Aquário – Câncer Ascendente 96
Peixes – Câncer Ascendente 96
Datas da sorte para casar em 2025: 97
Dias de Sorte para Rituais 2025 98
Guias Espirituais e Proteções Energéticas 104
Traumas e Feridas do Passado 106
Autossabotagem energética 106
Padrões Negativos de Pensamentos Enraizados 107
Limpezas energéticas 109
Limpeza Energética da Energia Sexual 109
Ritual Energético para Quebrar o Cordão Energético Sexual 112
Método #1. Quebrando o Cordão Energético da Energia Sexual
.... 114
Método #2. Quebrando o Cordão Energético da Energia Sexual
.... 115
Método #3. Quebrando o Cordão Energético da Energia Sexual
.... 116

Limpeza Energética de Roupas 119
Como elevar as nossas vibrações energéticas. 121
A Aura 126
Os Chakras 128
Calendário Lua Cheia 2025 130
O que é prosperidade? 131
Energia limpa até 2025 134
Casa de banho para abrir os seus caminhos 2025 134
Nadar com sorte 135
Banho de Remoção de Bloqueio 135
Casa de banho para atrair harmonia em casa 135
Banho Contra a Inveja 136
Banho contra a negatividade 136
Casa de banho para atrair dinheiro 137
Banho de Maldição 138
Banho afrodisíaco 139
Banho de beleza 139
Banho para Restaurar Energias e Vitalidade 140
Banho para atrair o amor 141
Casa de banho para obter dinheiro rápido 141
Casa de Banho para Prosperidade Material 142
Banho para a Paz Espiritual 142
Casa de banho para proteção contra a inveja 143
Casa de banho para atrair o sucesso 143
Banho para sorte instantânea 144

Casa de banho para boa sorte 145

Banho para ser atraente 146

Banho para recuperar um amor 147

Banho para eliminar o mau-olhado 147

Banho para atrair abundância 148

Rituais para o mês de janeiro 150

Ritual pelo dinheiro 150

Feitiço para boas energias e prosperidade 151

itual para o Amor 152

Feitiço para fazer alguém pensar em você 153

Ritual para a Saúde 154

Feitiço para preservar a boa saúde 154

Rituais para o mês de fevereiro 156

Ritual com Mel para Atrair Prosperidade. 156

Para atrair o amor impossível 157

Ritual para a Saúde 158

Rituais para o Mês de março 160

Ritual com Óleo por Amor 161

Feitiço para melhorar a saúde 161

Rituais para o Mês de abril 163

Ritual para eu só te amar 164

Feitiço contra a depressão 165

Afrodisíaco africano 166

Hortelã 166

Alho 168

Rituais para o Mês de maio 170
Feitiço para atrair sua alma gêmea 171
Ritual para a Saúde..172
Rituais para o Mês de junho 173
Ritual para atrair mais dinheiro...173
Ritual para consolidar o amor 174
Rituais para o mês de julho 176
Edulcoração cigano 177
Banho para uma boa saúde 178
Rituais para o Mês de agosto...179
Ritual pelo Dinheiro...179
Feitiço para se transformar em um ímã..180
Casa de banho para a saúde..180
Bambu 181
Abóbora...181
Eucalipto 183
Salsa..183
Louro 184
Rituais para o Mês de setembro..186
Feitiço de Amor com Manjericão e Coral Vermelho 187
Ritual para a Saúde..187
Rituais para o Mês de outubro...189
Ritual para garantir a prosperidade 189
Feitiço para Subjugar no Amor 190
Banho com Salsa para a Saúde. 190

Limpeza Energética com um Ovo 191

Rituais para o mês de novembro 194

Ritual para a União de Duas Pessoas 196

Limpeza de Energia Xamânica 197

Rituais para o Mês de dezembro 198

Ritual do Fluxo de Caixa 198

Feitiço para separar e atrair 199

Feitiço para aumentar sua saúde 200

O que é um Limpeza energética? 202

Tipos de bloqueios de energia 205

Bloco Áurico 205

Bloqueio de Chakra 205

Bloqueio emocional 207

Bloqueio Mental 207

Bloqueando os meridianos 208

Bloco de Espírito 208

Bloqueio nas relações 209

Bloqueio de vidas passadas 209

Ataques de energia 210

Cabos de Energia 217

Mau-olhado, maldições e inveja 226

Ligações Psíquicas 228

Almas 229

Sintomas de um ataque de energia 230

Sistema de Imunidade Energética 231

As Pirâmides e as Limpezas Energéticas 232
Materiais piramidais 234
Cores das Pirâmides 235
Recomendações importantes sobre as pirâmides 236
As pirâmides não funcionam: 237
Como Limpar e Atrair Energias Positivas com as Pirâmides
.... 237
Sobre o promotor 241
Bibliografia 244

Quem é o Câncer?

Data: 22 de junho a 22 de julho

Dia: Segunda-feira

Cor: Branco, Prata

Elemento: Água

Compatibilidade: Touro, Peixes

Símbolo:

Modalidade: Cardeal

Polaridade: Feminino

Planeta Regente: Lua

Moradia: 4

Metal: Prata

Quartzo: Pedra da Lua, Pérola, Quartzo Rosa,

Constelação: Câncer

Personalidade cancerígena

A inteligência emocional de Câncer é incomparável, é um signo extremamente empático. Eles têm uma intuição aguçada, e é por isso que eles são os mais protetores de todo o zodíaco, e é por isso que eles são protetores por excelência.

Estão sempre atentos e disponíveis para atender às necessidades dos outros, mesmo que isso signifique colocar-se em segundo plano.

Ele é emocional e afetuoso, e amigável e sabe ser cauteloso quando necessário. Gostam da sua casa e das crianças, a sua casa é como um ninho, um refúgio para onde podem ir quando o stress os domina demasiado.

Eles têm uma excelente memória, especialmente para eventos pessoais e memórias de infância que eles são capazes de lembrar com o máximo detalhe. Vivem condicionados pelas suas memórias do passado e pela sua imaginação do futuro.

Eles são excelentes fornecedores e funcionam melhor quando deixados sozinhos sem ninguém tentando ajudá-los com seu trabalho no trabalho.

Tratam os seus empregos da mesma forma que tratam as suas casas. Protegem o seu estatuto profissional e, muitas vezes, ocupam cargos importantes. Eles são leais, esperam lealdade e tratam seus funcionários como família.

Adoram receber inúmeros elogios dos outros, são ambiciosos, são facilmente ofendidos e são aludidos em muitas situações em que não há razão para isso.

São muito bons comerciantes, gostam de dinheiro, têm as suas poupanças e ninguém sabe quanto têm. Eles são um pouco desconfiados quando se trata de iniciar um relacionamento amoroso, eles dão muita atenção a essa situação porque têm medo de se machucar, é por isso que eles não se deixam levar por seus sentimentos ou paixões, já que primeiro eles devem se certificar de que estão com a pessoa certa para arriscar tudo por tudo, porque eles dão seus sentimentos, Confiança e amor sem reservas.

Eles são muito detalhados e românticos, quando têm um parceiro, não permitem que ninguém atrapalhe seu relacionamento, nem mesmo para dar-lhes conselhos sobre como lidar com isso ou o que é melhor em todos os momentos.

Horóscopo Geral do Câncer

As marés cósmicas do ano de 2025 prometem ser um período transformador e enriquecedor para Câncer. Este ano, os planetas dão-lhe oportunidades de crescimento e harmonia. As estrelas têm grandes surpresas reservadas para você. Sua vida terá grandes mudanças e muitas oportunidades para seu crescimento profissional, encontros românticos e viagens. No entanto, o ano também tem alguns desafios, especialmente durante os períodos de eclipse. É preciso enfrentar essas mudanças com uma abordagem otimista.

Os alinhamentos planetários irão levá-lo a ter um equilíbrio entre o amor e a sua profissão. Você estará lidando com alguns conflitos difíceis de lidar. No entanto, é um momento perfeito para você ter algumas conversas, que você tem evitado, com seu parceiro.

É um ano de introspeção emocional e de promoção de conexões profundas e significativas. É literalmente um convite astral para abraçar sua profundidade emocional. Tudo isso vai exigir que você navegue por seus sentimentos com coragem e resiliência. A sua empatia e intuição inerentes irão guiá-lo através de qualquer adversidade.

Abrace a energia transformadora dos Eclipses e use os períodos de reflexão para aprofundar a sua autoconsciência e nutrir o seu crescimento pessoal. Você é uma força poderosa de sabedoria emocional, e os planetas estão conspirando para ajudá-lo a cultivar uma vida de profunda autocompensam.

O ano será um pouco agitado para você, porque começa com Marte retrógrado em seu signo até 23 de fevereiro. Marte pode lhe trazer muita energia, mas retrógrado traz frustração. Procure saídas saudáveis para o stress.

As Luas Cheias vão amplificar a sua energia emocional e podem criar mais desafios. As Luas Novas vão forçá-lo a fazer as escolhas certas.

Até o final do ano, você estará pronto para começar a caçar casas ou se mudar oficialmente.

Amor

Os cancerianos em relacionamentos comprometidos experimentarão um ano de profunda intensidade emocional. Os eclipses causarão mudanças ou ajustes em seus relacionamentos. Se você está solteiro, seu carisma tornará mais fácil para você atrair parceiros em potencial que apreciam sua empatia. No entanto, é importante que você tenha cuidado para não se tornar possessivo.

2025 é um período de romance, onde você experimentará uma intimidade mais profunda e uma conexão com seu parceiro ideal. O Cupido será a sua mão direita e as suas profundas paixões.

Para alguns, um amigo próximo pode se tornar seu parceiro.

Uma comunicação eficaz é vital para a sobrevivência de seus relacionamentos, especialmente durante os períodos retrógrados de Mercúrio. Quando a raiva, o ciúme ou o ressentimento surgirem, aceite-o por quem ele é, mas também explore sob a superfície. Caso contrário, você só vai remendar cortes superficiais, e você nunca será capaz de curar grandes feridas. Ao refletir, dedique algumas células cerebrais para obter mais clareza sobre por que essa pessoa vai expulsá-lo de sua mente.

Plutão estará impactando sua área emocional durante todo o ano e você será capaz de levar a sério seus laços emocionais, ou fortalecer os existentes.

As Luas Novas farão com que você sinta total compreensão em relação às pessoas mais próximas. Luas cheias vão torná-lo mais romântico e afetuoso. Baixe a guarda e mostre seus sentimentos. Dar tudo de si mesmo é o segredo para viver eternamente no amor.

Se você é solteiro, a solidão pode lhe dar serenidade, mas certifique-se de não se isolar. Caminhadas pela natureza, especialmente perto da água, podem dar-lhe o reste que você precisa.

Economia

Seu caráter diligente este ano começará a dar frutos. Continue a estabelecer sistemas para trabalhar de forma eficiente e garantir o seu rendimento básico. Você ainda pode estar pagando alguma dívida, mas logo sairá dela.

As oportunidades fluirão perto dos Eclipses. Aproveite-os para mostrar a sua criatividade nas redes sociais, ou faça parceria com alguém e comece um negócio. Você pode viajar para várias cidades durante este ano, ou trabalhar com clientes de diferentes partes do mundo.

Concentre-se em construir uma fundação estável e terminar um projeto que você tem pendente. É fundamental que você seja paciente e planeje tudo muito bem. A sua sensibilidade inerente, e atenção aos detalhes, irá servi-lo bem este ano.

Os cancerianos vão impulsionar a sua profissão no ano de 2025, lembre-se que as rotas não convencionais vão levá-lo aos seus objetivos. Estará muito motivado este ano, por isso tem a certeza do sucesso. Marte irá impulsioná-lo, e dar-lhe a energia e poder, para ficar no topo.

Encontre pessoas cujas habilidades complementem as suas e, em seguida, sincronize seus superpoderes.

As câmaras vão adorar você durante este ano. Se você não se sente confortável em frente a uma lente, faça o que seu signo faz melhor: pratique em direção à perfeição.

Mercúrio retrógrado pode lhe causar problemas financeiros, é importante que você esteja ciente de sua economia e tome decisões inteligentes com seu dinheiro. As Luas Cheias trazem um foco na finalização de planos financeiros, remoção de bloqueios e liberação de alguns recursos. Luas Novas podem ajudá-lo a ganhar dinheiro de maneiras que você já fez antes.

Saúde

Cuide bem dos seus ossos, pele e dentes. Visite um quiroprático, dermatologista ou dentista este ano. Ponha a mão na massa com a prevenção. Se lhe disseram para ficar de pé ou usar fio dental, faça-o. A ligação entre a comida e o seu humor será óbvia, você tem que mudar sua dieta, optar por alimentos anti-inflamatórios ou tentar o jejum intermitente.

Multivitaminas, ou suplementos naturais, garantirão que a nutrição certa chegue às suas células. Os eclipses provocarão alterações relacionadas com a sua saúde, pelo que deve reavaliar o seu estilo de vida. Dez estressar e ficar longe de tensões é muito importante. Durante períodos de Mercúrio retrógrado, sua saúde pode ser afetada de uma forma ou de outra. O stress será o problema que mais o assombrará durante o ano devido ao excesso de trabalho. Cuide do seu sistema digestivo, evite alimentos que causam gastrite.

Datas Importantes

13 de janeiro - Lua Cheia em Câncer

24 de fevereiro - Fim de Marte retrógrado em Câncer

8 de junho - Mercúrio entra em Câncer

9 de junho - A entrada de Júpiter em Câncer

21 de junho - Entrada do Sol (Solstício de verão)

25 de junho - Lua Nova em Câncer

31 de julho - Vénus entra no seu signo

11 de novembro - Júpiter retrógrado começa em câncer

Câncer Horóscopo Mensal 2025

janeiro de 2025

O segredo do seu sucesso? A sua sensualidade, claro, mas também a sua sensibilidade e a sua capacidade de empatia com as necessidades dos outros. Isto será especialmente verdade este mês.

A nível profissional, também pode esperar grandes sucessos, embora certamente necessite de um pouco de paciência para colher os frutos dos seus esforços.

Em qualquer caso, a confiança que você vai mostrar joga a seu favor. Não altere a sua fórmula vencedora!

No amor você vai se dar bem. Será um mês feliz no amor. Se você tem um parceiro, é o mês certo para se casar; se você já é casado, é o momento certo para ter filhos, pois você desfruta de uma fertilidade incomum.

Se você está sozinho, é provável que você encontre um parceiro, você sabe muito bem o que você quer, então quando essa pessoa se apresentar você vai reconhecê-lo. Você quer alguém inteligente e empático como você. Você quer que eles falem a sua língua. Se você tinha um projeto parado, ele é desbloqueado. Você terá muita criatividade artística.

Números da Sorte
6, 12, 18, 26, 33

fevereiro de 2025

Este mês você terá que controlar seu personagem, para evitar discutir com sua família. Procure falar com carinho e calma. Eles não são seus inimigos.

Este pode encontrar sua alma gêmea. Se assim for, ele ou ela pode ser a peça que falta para completá-lo. Quando você está com essa pessoa, você vai se sentir inteiro pela primeira vez em sua vida. Mantenha os pés no chão enquanto inicia essa relação.

O seu cérebro está a libertar algumas das suas ideias mais criativas, por isso mantenha a caneta e o papel à mão para anotar o que está a pensar. Transforme-o em algo tangível e comece a trabalhar para obter o máximo benefício possível.

Depois do dia 12 não deixe que alguém que não quer te ver bem interfira na sua vida pessoal, essa pessoa pode ter gerado inveja em você sem motivo aparente, então não se preocupe em agradar quem não te ama.

Seu relacionamento carece de paixão e a outra pessoa está detetando isso. Eles provavelmente não lhe dirão nada, mas você notará isso por suas atitudes.

Em finanças e negócios, você precisará ser excessivamente cauteloso no final do mês.

Números da Sorte
3, 11, 14, 18, 29

Março de 2025

Você tem uma grande capacidade de lutar pelo que você quer, e você colocou seus olhos em alguém em particular, dar-se o trabalho para conquistá-lo, você verá que tudo acaba bem no final.

É um mês especial para tomar decisões importantes em relação ao dinheiro, você tem uma quantia guardada e é hora de fazer algo com ela. Recomenda-se que faça um pequeno investimento que lhe permita multiplicar esse dinheiro num curto espaço de tempo. Você vai descobrir um novo negócio que ainda não explorou.

Não deixe que as pessoas que lhe devem dinheiro o guardem, é bom receber o que você tem de volta, mesmo que você não esteja interessado em entrar em conflito com os outros por questões de dinheiro.

Cuide bem do seu corpo este mês, você está abusando de suas horas de descanso. Você também está negligenciando nutrientes importantes que podem ajudá-lo a ter mais energia.

Números da Sorte
24, 25, 30, 31, 34

Abril de 2025

Este mês deve começar a estar mais presente na sua casa, as pessoas que vivem consigo podem começar a ressentir-se da sua ausência, tentar partilhar com os seus entes queridos, não se vai arrepender.

É um bom mês para o amor, se você está solteiro é provável que alguém comece a falar com você e lhe dar sinais de que está interessado além de uma simples amizade, não tenha medo de explorar seus sentimentos.

Você vai viver um momento romântico com a pessoa que você ama, preparar um jantar romântico, seu parceiro vai agradecer e vai ser bom para vocês dois e isso vai fortalecer o amor que você tem, você não vai se arrepender.

Um acontecimento inesperado dar-lhe-á coragem para tomar decisões relacionadas com a sua qualidade de vida e a da sua família, precisa de pensar cuidadosamente sobre o que vai fazer.

Eventos inesperados ocorrerão no final do mês no trabalho. Se você conseguir lidar com eles corretamente, seu prestígio profissional crescerá aos olhos de seus chefes. É tudo uma questão de vontade e perseverança, e você tem muitas dessas qualidades.

Números da Sorte
2, 11, 12, 13, 23

maio de 2025

Um mês muito bom para quem quer reorganizar a sua casa, terá tempo para redecorar tudo como achar adequado.

É um mês ideal para desfrutar da família e das pessoas que você ama, você não deve pensar que você sempre terá todo o tempo do mundo para compartilhar com eles.

Este mês você terá que fazer um investimento de dinheiro inesperadamente, não tenha arrependimentos, você vai recuperá-lo em um curto espaço de tempo.

É preciso estar atento aos sinais do amor, não é bom ficar tanto tempo sem companhia, não é bom se acostumar com o ritmo da vida de solteiro, você pode levar muito carinho para esse status.

Você não está sendo atencioso em seu trabalho, isso pode surpreendê-lo, provavelmente um erro que você cometeu há muito tempo está mostrando suas consequências. Não se preocupe porque você será capaz de superar qualquer obstáculo. Você só precisa de tempo e paciência. O problema é que essa situação vai gerar uma sensação de derrota e você vai correr o risco de depressão. Não seja pessimista e evite atormentar-se.

Números da Sorte
11, 13, 22, 23, 24

junho de 2025

Este mês você deve começar a tomar ações reais para que você possa obter o que você quer, se você não colocar no esforço não haverá recompensa.

Você provavelmente terá uma reunião no trabalho que envolve o compartilhamento de ideias e soluções com outras pessoas que também estão tentando alcançar o mesmo objetivo que você. Você deve ter a capacidade de ouvir a opinião de todos e expor seus pensamentos, respeitar e você será respeitado.

Você receberá excelentes notícias sobre dinheiro depois do dia 19, será uma coisa muito boa, trate-se e dê algo à sua família.

No final do mês, encontrará tempo para reflexão e oportunidades de mudança. Aproveite para cultivar a sua paciência e encontrar clareza em qualquer situação. Embora você possa não se sentir no seu mais alto nível de inspiração, confie que esse período vai passar e você vai voltar ao seu estado de foco e criatividade.

No amor, será um período de decisões importantes. Se você já enfrentou decepções, reserve um tempo para refletir sobre seus sentimentos e prioridades.

Números da Sorte
4, 26, 27, 32, 35

Julho de 2025

Terá muitas oportunidades este mês para fazer avançar a sua economia, mas saberá aproveitá-las ou deixá-las passar. Não entre em pânico porque rumores sobre demissões circularão no trabalho. No entanto, nada disso deve preocupá-lo, porque você terá proteção especial que irá mantê-lo seguro de qualquer inconveniente.

No amor, a mulher está há muito tempo, você quer terminar seu relacionamento romântico, mas por medo de machucar aquela pessoa que foi tão boa para você, você decidiu ficar em silêncio. Os planetas aconselham-te a não deixares que a culpa te imobilize. Se você não sente mais amor, você deve dizer-lhes. Se ele foi bom para você, ele merece mais uma razão para você ser sincero. Use a sua liberdade para decidir o que quer fazer da sua vida.

Você tem que estar muito atento aos sinais que o destino lhe dará em relação a algo importante que você não fez. Você não deve baixar os braços diante do que você não pode manusear. Você tem que pensar na forma como você vai ter que fazer face ao dinheiro que você tem no momento, você teve despesas imprevistas, não deixe a vida cobrar seu preço sobre você nesta questão.

Números da Sorte
4, 7, 9, 26, 29

Agosto de 2025

Este mês você pode usar sua imaginação e criatividade para criar algo maravilhoso. Você deve retornar ao seu centro, a fim de encontrar a paz que você precisa. Você precisa ter em mente que nem sempre é possível alcançar tudo o que se propôs a fazer no tempo que deseja.

É importante que saiba agarrar as oportunidades que surgem no horizonte, elas estão um pouco longes, mas não deixe que os obstáculos continuem a atrasar o seu caminho.

No amor você deve deixar as atividades rotineiras, trocá-las por coisas emocionantes para apimentar seu relacionamento. Se você tem um problema para comunicar ao seu parceiro, então você deve sentar-se com ele e dizer o que está acontecendo com você com calma e respeito.

Há uma guerra se formando e não há como evitá-la. Há uma boa chance de você se encontrar bem na linha de fogo. Tente colocar-se em um ponto onde você tenha uma visão abrangente do assunto em todos os momentos. É provável que alguém queira dificultar a sua vida, essa aversão que essa pessoa tem com você é algo comum no ambiente de trabalho.

Números da Sorte
8, 19, 22, 26, 34

Setembro de 2025

Neste mês, a falta de comunicação eficaz pode levar a mal-entendidos, ressentimentos e estranhamento em seu relacionamento amoroso. Isso acontece porque você não sabe expressar suas necessidades, não ouve ou recorre a críticas constantes. Lembre-se de que não saber lidar com os argumentos de forma construtiva pode levar a acumular ressentimentos e dificultar a resolução de problemas. Ainda está a tempo. Tente entender o ponto de vista do outro sem julgá-lo. Fale sobre seus sentimentos, medos e expectativas sobre o dinheiro sem culpar o outro e defina um orçamento realista que inclua todas as suas receitas e despesas. Se você agir impulsivamente e não parar para fazer esse planejamento, poderá pagar um alto custo.

Se você se sente desanimado, não se esqueça que a atividade física é um excelente antidepressivo natural e ajuda a reduzir o estresse. Tente obter suas horas de sono, porque a falta de sono pode aumentar o estresse. Certifique-se de dormir o suficiente todas as noites e também manter uma dieta equilibrada.

Limite a cafeína e o álcool. Estas substâncias aumentam a ansiedade e dificultam o sono.

Números da Sorte
10, 14, 22, 31, 36

Outubro de 2025

A energia astral deste mês sugere uma traição iminente. Embora a vida lhe tenha proporcionado momentos de grande alegria, está a chegar um período em que a confiança de alguém próximo poderá ficar seriamente comprometida. Um segredo oculto pode vir à tona, causando-lhe profunda deceção, ou uma ação ou omissão pode fazê-lo questionar a lealdade de alguém em quem você confiava plenamente.

No entanto, os planetas indicam que uma reviravolta inesperada em sua situação financeira está chegando. Esteja preparado para receber um fluxo de dinheiro que pode mudar seus planos após o dia 19 deste mês. Um membro da família, amigo ou conhecido pode surpreendê-lo, ou o dinheiro que você pensou ter perdido pode reaparecer inesperadamente. Sua sorte pode dar uma volta de 180°.

Você provavelmente decidirá comprar um animal de estimação ou adotar um. Os animais de estimação trazem inúmeros benefícios para a nossa saúde física e mental, cuidar de um animal nos ensina responsabilidade, empatia e paciência.

Você possivelmente experimentará uma dor emocional profunda pela perda de um ente querido, sentirá uma grande ausência em sua vida e uma sensação de vazio.

Números da Sorte
2, 16, 21, 31, 32

Novembro de 2025

Este mês, a perda de confiança e excitação em seu relacionamento pode causar-lhe profunda tristeza e desolação. Você pode sentir medo de confiar em alguém novamente e desenvolver inseguranças em relacionamentos futuros.

No trabalho, todas as suas ações serão afetadas por um evento súbito. Você estará muito distraído e poderá cometer erros. É aconselhável que você se concentre com ênfase no que está fazendo para evitar complicações com seus chefes por causa de sua negligência. Não deixe que eventos do passado, ou traumas de infância, comecem a aparecer, você tem tudo do seu lado para ser capaz de lidar com tudo o que acontece com você.

Alguém precisa falar com você urgentemente. É uma pessoa que procura conselhos, ou o seu conselho, em algo que você faz como um trabalho, se você pode oferecer seus serviços fazê-lo sem medo.

Este mês vai querer comprar um carro. Procure um veículo que se adapte às suas necessidades diárias. Priorize a segurança e o conforto. Pode ser-lhe dito que uma criança sua tem problemas com desobediência ou dificuldade em relacionar-se com os seus colegas ou professores.

Números da Sorte

5, 7, 11, 18, 25

Dezembro de 2025

Este mês, o seu espírito aventureiro irá encorajá-lo a sair da sua zona de conforto e explorar novas oportunidades de trabalho. Com sua capacidade de se conectar com os outros, sua mente aberta e seu espírito, você tem o potencial de alcançar o sucesso em uma ampla variedade de campos.

Tente equilibrar aventura com estabilidade em sua vida amorosa. Embora você goste de explorar novas experiências, você também precisa de uma sensação de segurança em seu relacionamento. Mantenha seus próprios interesses e amizades fora do relacionamento.

Depois do meio do mês, ao escolher a roupa perfeita para as férias, sua mente vagará para os potenciais destinos exóticos que você poderia visitar se a fortuna sorrir para você e você ganhar um prêmio de loteria.

Estabeleça metas desafiadoras e desenvolva estratégias detalhadas para alcançar suas metas de 2026, demonstrando determinação e perseverança.

Números da Sorte
4, 5, 25, 28, 32

As cartas do tarô, um mundo enigmático.

A palavra Tarot significa "estrada real", é uma prática antiga, não se sabe exatamente quem inventou os jogos de cartas em geral, nem o Tarot em particular; existem as hipóteses mais diferentes a este respeito. Alguns dizem que surgiu na Atlântida ou no Egito, mas outros acreditam que os tarôs vieram da China ou da Índia, da antiga terra dos ciganos, ou que chegaram à Europa através dos cátaros.

O fato é que as cartas de tarô destilam simbolismos astrológicos, alquímicos, esotéricos e religiosos, tanto cristãos quanto pagãos.

Até há pouco tempo algumas pessoas se mencionassem a palavra "tarô" era comum imaginarem um cigano sentado em frente a uma bola de cristal numa sala rodeada de misticismo, ou pensarem em magia negra ou feitiçaria, hoje isso mudou.

Esta técnica milenar tem vindo a adaptar-se aos novos tempos, juntou-se à tecnologia e muitos jovens sentem um profundo interesse por ela.

Os jovens isolaram-se da religião por considerarem que não encontrarão a solução para o que precisam, perceberam a dualidade da religião, algo que não acontece com a espiritualidade.

Em todas as redes sociais você encontra relatos dedicados ao estudo e leituras do tarô, já que tudo relacionado ao esoterismo está na moda, aliás, algumas decisões hierárquicas são tomadas levando em conta o tarô ou a astrologia.

O notável é que as previsões que geralmente estão relacionadas ao tarô não são as mais procuradas, o que está relacionado ao autoconhecimento e conselhos espirituais é o mais solicitado.

O tarô é um oráculo, através de seus desenhos e cores, estimulamos nossa esfera psíquica, a parte mais recôndita que vai além do natural. Várias pessoas recorrem ao tarô como guia espiritual ou psicológico, já que vivemos tempos de incerteza e isso nos leva a buscar respostas na espiritualidade.

É uma ferramenta tão poderosa que lhe diz concretamente o que se passa no seu subconsciente para que possa percebê-lo através das lentes de uma nova sabedoria.

Carl Gustav Jung, o famoso psicólogo, usou os símbolos das cartas de tarô em seus estudos psicológicos. Criou a teoria dos arquétipos, onde descobriu uma extensa soma de imagens que ajudam na psicologia analítica.

O uso de desenhos e símbolos para apelar a uma compreensão mais profunda é frequentemente utilizado na psicanálise. Estas alegorias fazem parte de nós, correspondendo a símbolos do nosso subconsciente e da nossa mente.

Nosso inconsciente tem áreas escuras, e quando usamos técnicas visuais podemos alcançar diferentes partes dele e revelar elementos de nossa personalidade que não conhecemos.

Quando você consegue decodificar essas mensagens através da linguagem pictórica do tarô, você pode escolher quais decisões tomar na vida, a fim de criar o destino que você realmente quer.

O tarô com seus símbolos nos ensina que existe um Universo diferente, especialmente hoje onde tudo é tão caótico e uma explicação lógica é buscada para todas as coisas.

O Mundo, Carta de Tarot para Câncer 2025

A carta do Mundo indica o fim de uma etapa, o fim de uma situação, e um fim sempre leva a um começo. Um fim leva a um começo e isso levará a uma mudança.

Esta carta lembra você de superar suas dualidades, conflitos, antagonismos, contradições, oposições e divisões. Você deve unir dentro de si as forças opostas, e para que elas se unam, você deve primeiro aceitá-las. Aceite as suas forças da luz e as suas forças das trevas. Dessa forma, você será livre.
Está relacionado com o sucesso devido aos esforços realizados. Um sinal do destino de que o positivo atrai coisas benéficas.
El Mundo vai dar-lhe muitas coisas positivas em 2025, sucesso e viagens.

Cor da sorte

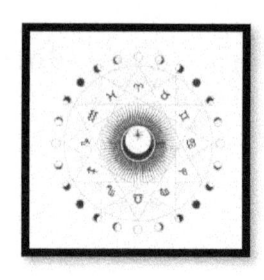

As cores nos afetam psicologicamente; eles influenciam nossa apreciação das coisas, opinião sobre algo ou alguém, e podem ser usados para influenciar nossas decisões.

As tradições para dar as boas-vindas ao novo ano variam de país para país, e na noite de 31 de dezembro equilibramos todos os pontos positivos e negativos que vivemos no ano que se aproxima. Começamos a pensar no que fazer para transformar a nossa sorte no novo ano que se aproxima.

Existem várias maneiras de atrair energias positivas para nós quando recebemos o novo ano, e uma delas é usar ou usar acessórios de uma cor específica que atraia o que queremos para o ano que está prestes a começar.

As cores têm cargas energéticas que influenciam as nossas vidas, por isso é sempre aconselhável receber o ano vestido com uma cor que atraia as energias do que queremos alcançar.

Para isso existem cores que vibram positivamente com cada signo do zodíaco, por isso a recomendação é que você use roupas com a tonalidade que atrairá prosperidade, saúde e amor em 2025. (Você também pode usar essas cores durante o resto do ano para ocasiões importantes ou para melhorar seus dias.)

Lembre-se que, embora o mais comum seja usar roupa interior vermelha para paixão, rosa para amor e amarelo ou dourado para abundância, nunca é demais anexar à nossa roupa a cor que mais beneficia o nosso signo do zodíaco.

Câncer

Roxo

O roxo é uma cor realmente poderosa e intensa.

As pessoas reagem ao roxo mais do que você imagina. Esta cor irá ajudá-lo a manter o amor e bondade.

O roxo está associado à realeza, riqueza e magia. É uma cor muito poderosa.

A cor roxa estimula a criatividade, espiritualidade e independência.

Este tom majestoso também terá um efeito calmante no seu público, as pessoas vão sentir-se mais calmas quando o virem.

O roxo é uma ótima cor, se você tem um trabalho muito estressante, pois reduz a irritabilidade. É uma cor que proporciona estabilidade e energia.

Está associado à sabedoria e criatividade, e também lhe permitirá absorver boas energias, sorte e abundância.

Amuletos da Sorte

Quem não possui um anel de sorte, uma corrente que você nunca tira ou um objeto que você não daria por nada neste mundo? Todos nós atribuímos um poder especial a certos itens que nos pertencem e esse caráter especial que eles assumem para nós os torna objetos mágicos. Para que um talismã aja e influencie as circunstâncias, seu portador deve ter fé nele e isso o transformará em um objeto prodigioso, capaz de cumprir tudo o que lhe é pedido.

No sentido cotidiano, amuleto é qualquer objeto que promove o bem como medida preventiva contra o mal, o dano, a doença e a feitiçaria.

Os amuletos de boa sorte podem ajudá-lo a ter um ano de 2025 cheio de bênçãos em sua casa, trabalho, com sua família, atrair dinheiro e saúde. Para que os amuletos funcionem corretamente, você não deve emprestá-los a mais ninguém, e você deve sempre tê-los à mão.

Os amuletos existem em todas as culturas e são feitos a partir de elementos da natureza que servem como catalisadores de energias que ajudam a criar desejos humanos.

Ao amuleto é atribuído o poder de afastar males, feitiços, doenças, desastres ou neutralizar desejos malignos lançados através dos olhos de outras pessoas.

Câncer

Estrela.

Uma estrela de cinco pontas é um poderoso talismã de proteção que protege o seu dono das más energias e dos invejosos. Este charme não só lhe oferece uma excelente proteção, mas também aumenta a sua intuição.

Uma estrela usada como amuleto atrai amor, riqueza e outros benefícios. Carregar uma estrela com você vai ajudá-lo a superar obstáculos e atrair o que você quer com facilidade.

Este amuleto irá protegê-lo contra bruxaria, ser seu guia e levá-lo à verdade que vive dentro de você, revelando seus potenciais ocultos. A Estrela é um amuleto que lhe servirá para trabalho, dinheiro, amor, sorte e saúde. Simboliza proteção, atrai alegria e transmuta má sorte. Dá poder e autoridade a quem o usa ao pescoço, e também muita segurança.

Sua principal virtude é proteger o usuário da magia negra. Significa mudança positiva, boa sorte e prosperidade.

Quartzo da sorte para 2025

Somos todos atraídos por diamantes, rubis, esmeraldas e safiras, são obviamente pedras preciosas. Pedras semipreciosas como Carneliano, olho de tigre, quartzo branco e lápis-lazúli também são muito apreciadas, pois têm sido usadas como ornamentos e símbolos de poder há milhares de anos.

O que muitos não sabem é que eles eram valorizados por mais do que apenas sua beleza: cada um tinha um significado sagrado e suas propriedades curativas eram tão importantes quanto seu valor ornamental.

Os cristais ainda têm as mesmas propriedades hoje, a maioria das pessoas está familiarizada com os mais populares, como ametista, malaquita e obsidiana, mas atualmente existem novos cristais como larimar, petalita e fenacita que se tornaram conhecidos.

Um cristal é um corpo sólido com uma forma geometricamente regular, os cristais foram formados quando a Terra foi criada e continuaram a metamorfosear-se à medida que o planeta foi mudando, os cristais são o ADN da Terra, são armazéns em miniatura que contêm o desenvolvimento do nosso planeta ao longo de milhões de anos.

Alguns foram colocados sob pressões extraordinárias e outros cresceram em câmaras enterradas no subsolo, outros gotejaram a ser. Seja qual for a forma que assumam, a sua estrutura cristalina pode absorver, preservar, focar e emitir energia.

No coração do cristal está o átomo, seus elétrones e prós tons. O átomo é dinâmico e é composto por uma série de partículas que giram em torno do centro em constante movimento, de modo que, embora o cristal possa parecer imóvel, é na verdade uma massa molecular viva vibrando em uma determinada frequência e é isso que dá ao cristal sua energia.

As gemas costumavam ser uma prerrogativa real e sacerdotal, os sacerdotes do judaísmo usavam uma placa no peito cheia de pedras preciosas que era muito mais do que um emblema para designar sua função, uma vez que transferia o poder para aqueles que a usavam.

Os homens usam pedras desde a Idade da Pedra, pois tinham uma função protetora, protegendo seus usuários de vários males. Os cristais de hoje têm o mesmo poder e podemos selecionar as nossas joias não só com base na sua atratividade externa, tê-los perto de nós pode aumentar a nossa energia (laranja Carneliano), limpar o espaço à nossa volta (âmbar) ou atrair riqueza (citrino).

Certos cristais como o quartzo fumado e a turmalina preta têm a capacidade de absorver negatividade, emitindo energia pura e limpa.

Usar uma turmalina preta ao redor do pescoço protege você de fumos eletromagnéticos, incluindo o de telefones celulares, um citrino não só atrairá riquezas, mas também ajudará você a preservá-las, colocá-lo na parte de riqueza de sua casa (a parte de trás mais à esquerda da porta da frente).

Se você está procurando amor, cristais podem ajudá-lo, coloque um quartzo rosa no canto das relações em sua casa (o canto direito de trás mais distante da porta da frente) seu efeito é tão poderoso que é aconselhável adicionar uma ametista para compensar a atração.

Você também pode usar rodocrosite, o amor virá em seu caminho.

Os cristais podem curar e dar equilíbrio, alguns cristais contêm minerais conhecidos por suas propriedades terapêuticas, a malaquita tem uma alta concentração de cobre, usar uma pulseira de malaquita permite que o corpo absorva quantidades mínimas de cobre.

O lápis-lazúli alivia a enxaqueca, mas se a dor de cabeça for causada pelo stress, a ametista, o âmbar ou a turquesa colocada nas sobrancelhas irão aliviá-la.

O quartzo e os minerais são joias da mãe terra, dê-se a oportunidade e conecte-se com a magia que eles transmitem.

Câncer de quartzo da sorte /2025

Pedra Lunar.

Use a Pedra da Lua para ajudá-lo a ter uma visão clara de sua vida e para ajudá-lo a liberar crenças limitantes e barreiras inconscientes para que você possa manifestar conscientemente seus desejos.

Segure-o ou use-o à medida que define as suas intenções, como imagina o que quer criar. Pode ajudá-lo a desencadear o seu processo criativo e cristalizar a sua visão.

Câncer é tradicionalmente o signo associado à Pedra da Lua. O câncer reflete a essência nutritiva yin da Pedra da Lua.

Pedra da Lua também ajuda você a adormecer mais facilmente, acalmando a insônia e permitindo que seu corpo respire facilmente, descanse e se recupere. Mantenha uma pedra da lua debaixo do travesseiro ou ao lado da cama.

Pedra da Lua é uma ferramenta maravilhosa para o trabalho de sombras, pois ajuda a trazer luz para o que foi escondido em seu subconsciente. Ele oferece apoio enriquecedor enquanto você cava fundo para refletir sobre si mesmo e buscar as respostas dentro de si mesmo. Mantenha a Pedra da Lua por perto enquanto você faz este trabalho, e isso encorajará uma expressão segura, criativa e gentil das sombras que você descobrir, e ajudará você a chegar a um lugar de aceitação e paz com eles enquanto aprende a amar e abraçar todo o seu ser.

Compatibilidade com câncer e signos do zodíaco

Câncer é um signo de água simbolizado por um caranguejo que caminha entre o mar e sua costa, uma habilidade que também se reflete em sua capacidade de mesclar estados emocionais e físicos.

 A intuição de Câncer que vem do seu lado emocional se manifesta de forma tangível, e como segurança e honestidade são primordiais para esse signo, pode ser um pouco frio e distante no início.

Câncer revela seu espírito gentil pouco a pouco, e também sua compaixão genuína e habilidades psíquicas. Se você tiver sorte e ganhar a confiança dele, descobrirá que, apesar de sua timidez inicial, ele adora compartilhar.

Para este amante, o parceiro é realmente o melhor presente e recompensa as relações com a sua lealdade indestrutível, responsabilidade e apoio emocional. Ele tende a ser bastante caseiro e sua casa é um templo pessoal, uma área na qual ele pode expressar sua personalidade.

Com as suas capacidades domésticas, o caranguejo é também um hospedeiro sublime. Não se surpreenda se o seu parceiro canceriano gosta de elogiá-lo com comida caseira, porque não há nada que ele goste mais do que comida natural. Câncer também se preocupa muito com seus amigos e familiares, ele adora assumir papéis de guardião que lhe permitem criar laços apaixonados com seus companheiros mais próximos. Mas nunca se esqueça que quando Câncer investe em alguém emocionalmente, você corre o risco de borrar a linha entre cuidado e controle.

Câncer também tem uma natureza inconstante como a Lua e uma propensão para a instabilidade. Câncer é o signo mais sombrio do zodíaco. Seus parceiros devem aprender a apreciar suas variações emocionais e, claro, Câncer também deve controlar seu próprio sentimentalismo.

Os seus hábitos defensivos têm um lado contrastante e quando se sente provocado não hesita em ficar na defensiva. Câncer deve lembrar que erros e lutas ocasionais não fazem do seu parceiro seu inimigo. Além disso, você deve fazer um esforço energético para estar presente em seus relacionamentos.

Como um signo emocional e introspetivo, é fácil para você se fechar em si mesmo na maioria das vezes e se você não permanecer presente em um relacionamento, da próxima vez que sair da sua casca, seu parceiro pode não estar mais ao seu lado. Câncer sabe ouvir e, uma vez que sai de sua carapaça, é uma esponja emocional. O seu parceiro canceriano irá absorver as suas emoções, que por vezes podem ser de apoio, mas outras vezes podem ser sufocantes. Não é fácil dizer se Câncer está imitando ou realmente tendo empatia com você, mas como ele está tão interconectado com seu parceiro, não há diferença.

Se o apoio emocional de Câncer está atrapalhando sua personalidade, é melhor deixá-lo ir. Este signo muito sensível é facilmente desafiado até mesmo pela opinião mais sutil, e embora ele evite conflitos diretos andando em ângulos, ele também pode usar seus molares.

Este comportamento despreocupado e provocador característico é de esperar, e é raro namorar Câncer sem tentar seu mau humor característico pelo menos uma vez.

Por causa da sensibilidade de Câncer, não é fácil discutir com ele, mas com o tempo você aprenderá quais palavras dizer e, talvez mais importante, o que evitar. Esteja ciente do que está incomodando seu parceiro e, com o tempo, ficará mais fácil ter diálogos difíceis. É importante saber como esta criatura mágica funciona nos seus melhores e piores momentos. Em última análise, a coisa mais importante a lembrar é que Câncer nunca é tão indiferente quanto parece.

A coisa mais difícil com Câncer é atravessar sua superfície dura e rígida. Por esse motivo, a tolerância é fundamental ao flertar com Câncer. Mantenha um ritmo lento e constante e, com o tempo, você ganhará a confiança para revelar seu verdadeiro eu. É claro que este pode ser um processo longo e complicado, e o menor erro pode colocar Câncer na defensiva, então dois passos à frente podem se transformar em um passo atrás. Não desanime, não é pessoal, é apenas a fisiologia de um caranguejo.

Câncer pode ter sexo casual, mas este signo de água doce prefere relacionamentos que tenham intimidade emocional.

Lembre-se que Câncer precisa estar completamente confortável antes de sair de seu carapanho, e isso é especialmente importante quando se trata de sexualidade. Para o caranguejo, a confiança é alimentada pela proximidade física. Você pode começar a cultivar uma relação sexual com Câncer integrando-se pouco a pouco, levando em conta seu ritmo e carícias. Isso permitirá que Câncer se sinta mais confortável em mesclar expressão emocional e física, certificando-se de que se sinta protegido antes de começar a fazer amor.

Embora Câncer seja paciente e tenda a ser extremamente leal, pois precisa se sentir protegido e compreendido por seu parceiro, ele pode buscar intimidade em outra pessoa se sentir que essas demandas não são atendidas.

O Câncer pode ser muito malicioso, pelo que qualquer relação secreta será calculada, e será necessário um caranguejo vadio para levar a sua travessura até à sepultura, tomar medidas adicionais para evitar que o encontro seja descoberto enterrando as provas à beira-mar.

Na verdade, mesmo o caranguejo mais fiel terá segredos, mas isso não significa que eles sejam maus ou maus. Todo mundo merece manter certas coisas privadas, além de um pouco de mistério adicionar um toque ao relacionamento.

Câncer não acha fácil estabelecer um relacionamento sério e comprometido, e quando ele se sente seguro, ele não vai querer que ele termine.

Câncer tende a permanecer em relacionamentos mesmo depois que as faíscas pereceram porque, simplesmente, Câncer é um sentimental no coração. Mas é claro que nem todas as relações estão predestinadas a durar para sempre.

Este signo de água não finge ser vingativo, mas quando seu coração está partido, eles sabem como estabelecer limites. Excluir seu número de telefone, bloqueá-lo e deixar de segui-lo nas redes sociais permitem que ele se proteja da dor durante um término. Então, se o seu relacionamento com Câncer chegar ao fim, espere receber uma lista detalhada de regras. Câncer pode ser idealista, e este signo de água certamente está procurando sua transcrição de um romance. No entanto, interage de forma diferente com cada signo do zodíaco.

Câncer e Áries, é uma relação difícil. A atitude ambiciosa de Áries difere da profunda ternura de Câncer. Como resultado, Áries pode se sentir sufocado pela necessidade de Câncer, e Câncer pode se sentir abandonado pela natureza positivista de Áries.

Câncer também é incomodado pelo conflito direto e, como seu símbolo astrológico, o caranguejo, prefere se esquivar de situações difíceis em vez de encarar o conflito de frente, que é a forma mais comum de Áries. Áries não gosta muito dessas tendências passivas, então essa relação às vezes pode ser difícil.

Ao fazer parceria com Áries, Câncer deve abraçar uma perspetiva mais direta na resolução de conflitos. Áries estimará sua compostura, e esse raciocínio permitirá que ambos os signos criem uma união indestrutível. Se aprenderem a respeitar, podem esperar uma relação duradoura, baseada no amor e no apoio.

Câncer e Touro são românticos e sabem dar um ao outro o apoio emocional de que precisam. Embora tendam a ser possessivos, Touro traz segurança e lealdade ao sensível Câncer, e o estilo de sedução suave de Câncer o atrai.

O atrito só surge quando ambos começam a se recriminar. Se Câncer está triturando assiduamente suas pinças, Touro começará a embalar seus ressentimentos, algo que acabará explodindo em uma tourada titânica. Favoravelmente, você pode evitar tensões, mantendo uma comunicação sincera e apreciando os dons uns dos outros.

Câncer e Gêmeos é uma relação divertida. O sensível e aquático Câncer precisa de muito carinho de seu parceiro para se sentir seguro e amado. Em primeiro lugar, você vai questionar como o geminiano espontâneo, que goza de tanta liberdade para explorar seus vários interesses, pode se encaixar. No entanto, como um signo de ar mutável, também é muito flexível.

Se a Câncer puder notificar claramente seus requisitos, Gêmeos trabalhará para atendê-los. Gêmeos também pode ser bastante indiferente e solitário, enquanto Câncer é uma tromba d'água de emoções, mas desde que Gêmeos esteja disposto a ter empatia com Câncer, essa pode ser uma relação carinhosa e bastante divertida.

Câncer e Câncer podem ser uma relação duradoura. Quando dois crustáceos se conectam, é um romance de amor. Sensíveis e instintivos, sabem facilitar o apoio emocional a que a outra pessoa aspira.

Ambos são caseiros e vão gostar de passar tempo juntos, embalados na cama, ou no sofá, ou criando uma atmosfera acolhedora no lugar que você compartilha. No entanto, podem surgir dificuldades quando se sentem muito confortáveis.

Se esses amantes do oceano se lembrarem de encorajar uns aos outros e abrir seus rostos duros para confiar plenamente uns nos outros, isso pode ser um relacionamento imortal.

Câncer e Leão, não exatamente uma combinação fácil, não significa que seja improvável, pois curiosamente, o caranguejo e o leão realmente têm muito em comum. À sua maneira, tanto Câncer quanto Leão exigem amor, gratidão e validação.

Enquanto o dramático Leão busca elogios e lealdade, o sensível Câncer quer ser necessário e compreendido. A receita para o conflito entre estes signos é bastante evidente.

Leão, sendo tão dramático e ansioso pelos aplausos de seu ambiente, somado a Câncer, caseiro, resulta neste último se sentindo mal-amado, o que leva Leão a levar a secura de Câncer para o lado pessoal e aqui eles começam a brigar.

No entanto, se tanto Câncer quanto Leão gerenciam seus sentimentos, não é difícil evitar esse tipo de conflito.

Um diálogo aberto e muita ternura ajudarão a fortalecer essa relação amorosa.

Câncer e Virgem, embora existam diferenças óbvias entre eles, porque Câncer é movido por emoções, enquanto Virgem é movido pela lógica, eles podem formar um casal vigoroso, mesmo que seja preciso um pouco de truque para fazê-lo.

À medida que Câncer e Virgem se conhecem, a relação tem muitos tropeços e muitas vezes avança e fica para trás. No entanto, uma vez instituída a confiança, este casal é realmente profundo. Embora nenhum de vocês se sinta atraído por falar sobre seus sentimentos no início, se ambos se envolverem igualmente, você pode encontrar segurança em seu respeito mútuo e autoconfiança.

Câncer e Libra, no início do namoro, a atitude retraída de Câncer confunde Libra, que trabalha incansavelmente para tentar impressionar o crustáceo surdo. Em vez disso, a comunicação de Libra e o comportamento altamente paquerador fazem com que Câncer desconfie de suas intenções.

Sarcasticamente, tanto Câncer quanto Libra temem que o outro signo os contradiga. No entanto, uma vez que Câncer aceita a particularidade de Libra, e ele entende o espírito terno de Câncer, os dois podem se relacionar harmoniosamente.

Câncer e Escorpião, pertencem ao elemento água, aqui a relação é pastosa. Câncer é uma criatura consideravelmente sensível, então ele precisa estabelecer familiaridade e lealdade antes de mostrar suas fraquezas.

Consequentemente, Escorpião é um maravilhoso associado para o delicado crustáceo.

Essa conexão é baseada em intuição profunda e habilidades psíquicas, de modo que Câncer e Escorpião muitas vezes podem se comunicar com formas não orais de expressão. Câncer e Escorpião podem ser muito impulsivos, ambos carregam muitas emoções, mas sabem se ajudar, iluminando o caminho para seus momentos mais sombrios. No final, ambos procuram a mesma coisa: intimidade.

Escorpião é muito possessivo, então Câncer deve ser capaz de se adaptar, mostrando repetidamente seu amor.

Câncer e Escorpião amam a boa vida. Ter uma casa majestosa, e adornada com luxos.

Câncer e Sagitário, é uma relação difícil, mas não impossível A princípio, cada uma dessas duas energias muito diferentes pode ser atraída pelas diferenças da outra.

Sagitário fala rápido, e é reforçado pelo espírito de Câncer, enquanto o crustáceo é enfeitiçado pela delicadeza sem esforço do otimista Sagitário. A necessidade de aventura de Sagitário não se encaixa bem com os desejos domésticos de Câncer.

Em casal com pessoas destes signos Câncer deve lembrar que a casa não é um território, mas um estado de espírito.

Da mesma forma, Sagitário terá que entender que estabilidade não significa masmorra. Se eles estão dispostos a mudar um pouco suas avaliações, há muitas expectativas para essa relação.

Câncer e Capricórnio, embora astrologicamente opostos, compartilham valores semelhantes: ambos se preocupam muito com sua família e amigos, e também com a construção de um futuro sustentável. Embora aparentemente menos emocional que Câncer, o trabalhador capricorniano aprecia profundamente a sensibilidade canceriana.

Por outro lado, a intuição de Câncer pode trazer uma espiritualidade muito necessária para a praticidade de Capricórnio.

A relação Câncer-Capricórnio é perfeita porque ambos os signos gostam de nidificar e construir espaços seguros.

No entanto, como ambos têm medo da mudança, Câncer e Capricórnio devem trabalhar duro para que seu relacionamento não fique estagnado.

Afinal, eles não precisam se aconchegar junto ao fogo todas as noites da semana. Também não há problema em se divertir fora de casa de vez em quando.

Câncer e Aquário, embora essa relação possa parecer estranha no início (Câncer é bastante tradicional, enquanto Aquário é extremamente progressista), ambos os signos são, na verdade, pensadores inovadores com ideias brilhantes sobre como viver de forma criativa e impactante no mundo.

Suas perspetivas, no entanto, são muito diferentes. As opiniões de Câncer sempre refletem sua realidade imediata, enquanto Aquário teoriza a 30.000 pés. Como resultado, pode haver alguma discórdia em um casal Câncer-Aquário.

Devem esforçar-se por garantir que as necessidades de todos sejam tidas em conta.

Câncer e Peixes, é uma relação onde o caranguejo pode finalmente encontrar seu parceiro apaixonado. Se há uma coisa que liga um peixe e um caranguejo é que ambos dão ao amor a posição mais importante nas suas vidas.

Ambos pensam que o amor é a força motriz e que nos dá força para funcionar na vida. A força da paixão que ambos sentem por seus parceiros faz com que eles corram e caiam nos braços um do outro.

A única dificuldade é que Peixes está sempre andando nas nuvens e ignora o futuro, algo que é fundamental para Câncer. Se o crustáceo não vê os seus planos concretizados, opta por romper a relação.

Mas, em geral, eles têm sentimentos semelhantes, o que os tornará um casal invejado. Os dois adoram compartilhar intimamente e o calor de Câncer e Peixes sugere uma relação comprometida em que será fácil chegar a um consenso.

Câncer e vocação

Como advogado ou psicanalista, Câncer pode ajudar as pessoas. A oceanografia é particularmente uma das vocações de Câncer, pois o caranguejo é seu símbolo do zodíaco com uma forte conexão com o mar. Ser um chef, ou padeiro, permitir-lhes-ia exercitar as suas capacidades criativas e nutrir os seus clientes com as suas refeições.

Melhores Profissões

Câncer é o lado de fora, mas muito gentil por dentro. Este signo regido pela Lua é muito enigmático. Eles são muito enérgicos, imaginativos e protetores. O câncer se destaca nas profissões de enfermagem, psicologia, direito, pedagogia e cuidados ao adulto.

Sinais com os quais você não deve fazer negócios

Aquário e Gêmeos, porque Câncer é propenso a viver no passado, Aquário e Gêmeos nunca olham para trás. Eles não se entendem e estão sobrecarregados com vibrações negativas.

Sinais de parceria com

Peixes e Sagitário. São sinais versáteis que se adaptam a todas as circunstâncias. Eles são muito bons em procurar clientes e contatos.

El Stress. Um obstáculo no caminho para 2025

Muitas vezes nos esforçamos tanto para alcançar nossos objetivos que acabamos estressados e frustrados por não conseguirmos os resultados que queremos.

Evite ter estresse porque esse estado é uma armadilha que impede que a prosperidade entre em sua vida. Se você está estressado, isso significa que você vive em um estado de falta.

Você pode ter pressão financeira, mas manter um estado interior calmo é um elemento decisivo para alcançar seu objetivo de prosperidade. Quando você está relaxado e livre de ansiedade, todas as coisas boas começam a acontecer porque você está em sintonia com suas aspirações, em vez de sentir a falta do que você está almejando.

O stress não irá beneficiá-lo em nada. Querer algo tão intensamente que lhe cause stress não vale a pena. Fluir com o Universo, estar no aqui e agora, e aproveitar o momento, são cruciais para conseguir tudo o que você quer.

Concentre-se no futuro e repita afirmações positivas para que você possa aumentar sua autoconfiança e reprogramar sua mente. Aprenda a se contentar com o que você tem agora.

Todos nós já sentimos estresse quando nos deparamos com demandas extremas ou mudanças repentinas. Mas alguns indivíduos são tão viciados em stress, que o têm como um estilo de vida.

Não sonhe por um minuto de sua vida que nenhum de nós terá uma vida totalmente livre de estresse, para isso você teria que escolher outro planeta (e eu não estive conscientemente em nenhum, então não posso lhe dar recomendações).

O stress nem sempre é prejudicial. Um aspeto que separa o estresse inofensivo do estresse prejudicial que o deixa doente é a duração do tempo.

Todos nós temos a capacidade de lidar com períodos temporários de stress, desde que não sejam excessivamente dolorosos e exaustivos. O problema surge quando permanecemos estressados por longos períodos de tempo, uma vez que o corpo humano não foi projetado para isso.

Infelizmente, a cada dia nosso ambiente se torna mais estressante e parecemos borboletas presas nas teias de aranha do estresse. Mas nem todos nós experimentamos o stress da mesma forma porque, embora as causas externas estejam fora do nosso controlo, é preciso mais do que estas para que o stress nos prejudique.

Os desafios que a vida nos coloca não são tão importantes como o nosso mundo interior. Ou seja, a forma como pensamos, sentimos e nos comportamos em resposta a estas circunstâncias. O stress é uma ilusão formada pela nossa mente para ajustar a nossa forma de ver o mundo.

Diga-me quantas vezes aquela coisa que você tanto teme aconteceu?
Todos nós sentimos medo, em menor ou maior grau, na maioria dos dias de nossas vidas de algo caótico acontecendo em nossas vidas.

É preciso lembrar nesses dias que a ilusão do estresse se alimenta de nossas pretensões de adivinhar o futuro. Ansiamos pela obrigação de prever o futuro, de o manter à vista. Essa obsessão, de ter poder e controle, é o que alimenta o estresse.

Do outro lado da moeda estão as pessoas que têm medo de perder todas as bênçãos e coisas materiais que têm. Tenho uma notícia para todas essas pessoas: se vão perder tudo, até a própria vida.
Ninguém nasce para semear e quando você sai não tira nada deste mundo. Mas, enquanto isso, aproveite essa jornada que tem seus altos e baixos, aceite os desafios e mudanças, não antecipe e não tenha estresse.

Há um dom escondido dentro do estresse. Por baixo de toda essa ansiedade, você tem uma personalidade forte esperando que você abra a porta para ele. A chave é só sua.

As pessoas que vivem pacificamente alcançam a prosperidade mais rapidamente.

Narcisismo Digital

O narcisismo, um transtorno de personalidade com causas múltiplas e complicadas, tornou-se um problema muito sério. Vivendo em um sistema cruelmente egoísta, com uma obsessão ávida em adquirir poder econômico, e em uma sociedade que populariza a competição agressiva em todas as esferas da vida, os comportamentos narcisistas pioraram.

As redes sociais tornaram-se o terreno perfeito para todos os tipos de comportamentos narcisistas. A possibilidade de fabricar uma imagem melhorada, embelezada e melhorada, para obter admiradores e aprovação através de "likes" ou seguidores, atrai pessoas com este transtorno de personalidade.

Um narcisista é uma pessoa que requer admiração exagerada, tem uma aura irracional de superioridade e usa os outros a seu favor. São pessoas vaidosas e arrogantes.

Como você pode identificá-los? Se você der um passeio pelo Instagram ou Facebook, notará o número de pessoas que vivem consistentemente para a exposição permanente de seu físico através de imagens provocativas.

Fazem-no para contrariar o seu complexo de inferioridade e falta de autoestima. Há outros que tentam comunicar uma vida perfeita acima das probabilidades reais, ou estabelecer laços emocionais para receber elogios, e depois ofendem e denigrem publicamente qualquer um que tente contradizê-los.

Alguns buscam compaixão exagerando publicamente qualquer dificuldade ou infortúnio que sofram para ganhar a consideração e o apoio de seus seguidores, e há aqueles que esperam obter elogios e parabéns após declarações públicas onde se rebaixam e se apresentam como alguém humilde, quando por trás dessa modéstia presunçosa e simplicidade excessiva o que realmente se esconde é um orgulho extremo que precisa ser reafirmado de forma recorrente.

O efeito desinibido e empático que os meios digitais facilitam ajuda na propagação narcísica. Nas redes sociais têm o caminho livre para projetar tudo o que gostariam de ser e não são. Estes comportamentos são típicos de indivíduos emocionalmente carentes de afeto.

Devemos proteger os nossos filhos, incutindo-lhes o uso consciente e responsável das redes, e educá-los para se aceitarem a si próprios com as suas virtudes e defeitos.

Os adultos que rejeitam suas próprias vidas e caracterizam uma figura que não são realmente buscando aprovação social contínua devem buscar um equilíbrio saudável entre o mundo virtual e a realidade.

Evite comparar-se com os outros, lembre-se que as redes só expõem uma ínfima parte da vida, não alimentam o desejo de validação.

Não é necessário fechar as redes sociais, mas implementar certos limites ao seu uso porque, embora possa parecer bom e divertido, o hábito de ver "likes" nas redes sociais gera dependência, angústia e sobrecarga.

O narcisismo não está ligado à totalidade do tempo passado nas redes sociais, o narcisismo está ligado às razões pelas quais as redes sociais são compulsivamente utilizadas.

Há tanta presunção pródiga, tantas pessoas que precisam ser o centro do Universo, mesmo que tenham que participar de comportamentos inadequados, constrangedores ou anormais, que causam preocupação.

Esta onda de narcisismo digital tem implicações no mundo real. Um dos mais perturbadores é que indivíduos com traços narcisistas são mais propensos a se interessar por política.

À medida que as redes sociais amplificam esses efeitos, aqueles que dominam o discurso público e os debates mediáticos são favorecidos, sendo o número de "curtidas" considerado um indicador confiável do nível de conhecimento e potencial dessa pessoa.

Atualmente existem narcisistas nas redes sociais que promovem o ódio a pessoas que pensam de forma incorreta ou diferente, isso é destrutivo para a mudança social porque não constroem alianças, apenas promovem divisões.

Precisamos de mais educação sobre este fenómeno para reduzir os efeitos nocivos que tem a nível psicológico, tanto para quem sofre da doença como para as suas vítimas, as redes sociais aumentaram definitivamente os casos de narcisismo ao criarem um ambiente em que o número de gostos e seguidores é uma medida de sucesso e popularidade.

Lua no Signo de Câncer

O Câncer é o signo mais emocional do zodíaco, pois trabalha ao nível dos sentimentos e emoções.

A Lua rege o signo de Câncer, o que significa que a Lua neste signo tem a capacidade de se expressar e explorar abertamente todas as emoções. Às vezes, as pessoas com a Lua em Câncer são escravas de suas emoções e lutam para mantê-las sob controle.

Se a sua Lua está no signo de Câncer, as conexões emocionais são muito importantes para você. Na verdade, você precisa ter conexões emocionais com outras pessoas para sobreviver.

Os laços que você compartilha são o que ajudam você a lembrar que você não está sozinho, e que o desejo de apoio emocional significa que você deseja se sentir parte de um todo.

No entanto, você deve lembrar que você deve cuidar de suas próprias necessidades, porque caso contrário, você pode se tornar dependente do apoio emocional dos outros.

A Lua em Câncer tem um forte instinto materno, e faz você se sentir seguro quando sabe que as pessoas que você ama estão protegidas.

Quando você não se conecta emocionalmente com os outros, você interpreta isso como suas necessidades emocionais não estão sendo atendidas, algo que você realmente precisa para sobreviver. Se isso acontecer, sua alma entrará em um estado de terror, porque você realmente não pode sobreviver se não satisfizer essas necessidades. Seu medo mais sombrio é estar sozinho no mundo.

A pessoa com Lua em Câncer quando se sente ameaçada, sua reação é se esconder e tentar restabelecer suas conexões emocionais.

Segurança e proteção são o mais importante para Câncer, por isso hábitos e rotina confortam essas pessoas. Quanto mais seguros forem os seus ambientes, mais seguro se sentirá.

Nos relacionamentos românticos, eles se sentem mais protegidos quando têm uma conexão profunda com seu parceiro, e precisam acreditar que seu parceiro levará seus sentimentos em consideração.

Quando você reconhece que pode atender às suas próprias necessidades de sobrevivência sem o apoio dos outros, você será capaz de criar melhores conexões emocionais com as pessoas que fazem parte da sua vida.

Você deve estar ciente de suas expectativas e desejos de apoio emocional.

A importância do Signo Ascendente

O signo solar tem um grande impacto sobre quem somos, mas o Ascendente é o que realmente nos define, e mesmo isso pode ser a razão pela qual você não se identifica com alguns traços do seu signo do zodíaco.

Realmente a energia que seu signo solar lhe dá faz você se sentir diferente do resto das pessoas, por esse motivo, quando você lê seu horóscopo às vezes você se sente identificado e faz sentido de algumas previsões, e isso acontece porque ajuda você a entender como você poderia se sentir e o que vai acontecer com você, mas só mostra uma percentagem do que realmente poderia ser.

O Ascendente, por outro lado, difere do signo solar porque reflete quem somos superficialmente, ou seja, como os outros te veem ou a energia que você transmite às pessoas, e isso é tão real que pode ser o caso de você conhecer alguém e se você prever seu signo é possível que você tenha descoberto seu signo Ascendente e não seu signo solar.

Em suma, as características que vemos em alguém quando o conhecemos pela primeira vez é o Ascendente, mas como as nossas vidas são afetadas pela forma como nos relacionamos com os outros, o

Ascendente tem um grande impacto no nosso dia-a-dia.

É um pouco complexo explicar como o signo Ascendente é calculado ou determinado, porque não é a posição de um planeta que o determina, mas o signo que surgiu no horizonte oriental no momento do seu nascimento, ao contrário do seu signo solar, depende da hora exata em que você nasceu.

Graças à tecnologia e ao Universo hoje é mais fácil do que nunca saber essa informação, claro que se você sabe a sua hora de nascimento, ou se você tem uma ideia do tempo, mas não há margem de mais de horas, porque existem muitos sites que fazem o cálculo inserindo os dados, astro.com é um deles, mas há infinitos.

Desta forma, quando você ler o seu horóscopo você também pode ler o seu Ascendente e saber detalhes mais personalizados, você verá que a partir de agora se você fizer isso sua maneira de ler o horóscopo vai mudar e você saberá por que Sagitário é tão modesto e pessimista se na realidade eles são tão exagerados e otimistas, e isso talvez seja porque eles têm um Ascendente de Capricórnio, ou porque aquele colega de Escorpião está sempre falando de tudo, não duvide que ele tem um Ascendente de Gêmeos.

Vou sintetizar as características dos diferentes Ascendentes, mas isso também é muito geral, uma vez que essas características são modificadas por planetas em conjunto com o Ascendente, planetas que se assemelham ao Ascendente, e a posição do planeta regente do signo no Ascendente.

Por exemplo, uma pessoa com um Ascendente em Sagitário com seu planeta regente, Júpiter, em Áries responderá ao ambiente de forma um pouco diferente de outra pessoa, também com um Ascendente em Sagitário, mas com Júpiter em Escorpião.

Da mesma forma, uma pessoa com um Ascendente de Peixes que tem Saturno em conjunto irá "se comportar" de forma diferente de alguém com um Ascendente de Peixes que não se parece com ele.

Todos esses fatores modificam o Ascendente, a astrologia é muito complexa e os horóscopos não são lidos ou feitos com cartas de tarô, porque a astrologia não é apenas uma arte, mas também uma ciência.

Pode ser comum confundir estas duas práticas e isto porque, apesar de serem dois conceitos totalmente diferentes, têm alguns pontos em comum. Um desses pontos comuns baseia-se na sua origem, e é que ambos os procedimentos são conhecidos desde os tempos antigos.

Eles também são semelhantes nos símbolos que utilizam, uma vez que ambos apresentam símbolos ambíguos que devem ser interpretados, por isso requer leitura especializada e é necessário ter treinamento para saber interpretar esses símbolos.

Existem milhares de diferenças, mas uma das principais é que enquanto no tarô os símbolos são perfeitamente compreensíveis à primeira vista, pois são cartas figurativas, embora você tenha que saber interpretá-los bem, na astrologia observamos um sistema abstrato que é necessário saber de antemão para interpretá-los, e é claro que deve ser dito que, embora possamos reconhecer as cartas do tarô, não é qualquer pessoa que pode interpretá-las corretamente.

A interpretação também é uma diferença entre as duas disciplinas, porque enquanto o tarô não tem uma referência temporal exata, uma vez que as cartas são colocadas no tempo apenas graças às perguntas que são feitas no spread correspondente, na astrologia é feita referência a uma posição específica dos planetas na história, e os sistemas de interpretação utilizados por ambos são diametralmente opostos.

O mapa astral é a base da astrologia, e o aspeto mais importante para fazer a previsão. O mapa astral deve estar perfeitamente preparado para que a leitura seja bem-sucedida e aprenda mais sobre a pessoa.

Para elaborar um mapa astrológico, é necessário conhecer todos os dados sobre o nascimento da pessoa em questão.

É necessário que se saiba exatamente, desde o momento exato em que deu à luz, até ao local onde deu à luz.

A posição dos planetas no momento do nascimento revelará ao astrólogo os pontos que ele precisa para preparar o mapa astral.

Astrologia não é apenas sobre conhecer o seu futuro, mas também sobre conhecer os pontos importantes da sua existência, tanto presente como passado, a fim de tomar melhores decisões para decidir o seu futuro.

A astrologia irá ajudá-lo a conhecer-se melhor, para que possa mudar as coisas que o bloqueiam ou melhorar as suas qualidades.

E se o mapa astral é a base da astrologia, a disseminação do tarô é fundamental nesta última disciplina. Assim como aquele que faz o mapa astrológico, o psíquico que faz o tarô se espalhar, será a chave para o sucesso de sua leitura, então o melhor a fazer é pedir leitores de tarô recomendados, e embora certamente ele não será capaz de lhe responder concretamente a todas as dúvidas que você tem em sua vida, uma leitura correta do tarô se espalha, E as cartas que saem neste spread ajudarão a guiá-lo sobre as decisões que você toma em sua vida.

Em resumo, a astrologia e o tarô usam simbologia, mas a questão primordial é como toda essa simbologia é interpretada.

Verdadeiramente uma pessoa que domina ambas as técnicas será, sem dúvida, uma grande ajuda para as pessoas que lhe vão pedir conselhos.

Muitos astrólogos combinam ambas as disciplinas, e a prática regular me ensinou que ambas tendem a fluir muito bem, fornecendo um componente enriquecedor em todos os tópicos de previsão, mas eles não são os mesmos e você não pode fazer um horóscopo com cartas de tarô, nem você pode fazer uma leitura de tarô com um mapa astrológico.

Ascendente em Câncer

As pessoas com este Ascendente evitam conflitos sempre que possível. Estas pessoas têm de aprender a compreender os seus próprios ritmos, uma vez que se agarram aos seus sentimentos e não os abandonam até que surja outro sentimento mais forte.

As emoções e a busca pela segurança são as coisas mais importantes para as pessoas com este Ascendente.

Um Ascendente em Câncer que tenta se encontrar no resto das pessoas absorverá as emoções negativas do outro. Sendo tão empáticos com os outros, eles podem pensar que os sentimentos negativos que percebem são seus.

É necessário que este Ascendente aprenda a distinguir bem de onde vêm essas emoções para que não fiquem presas às memórias do passado

A empatia deste Ascendente permite-lhes ter uma excelente perceção do ambiente, mas o seu objetivo será sempre procurar uma relação que lhes ofereça segurança e estabilidade.

Áries – Câncer Ascendente

Esta combinação do zodíaco entra em conflito entre si, dada a forte energia de Áries e a tendência a evitar conflitos do signo de Câncer. A vida dessas pessoas pode estar sujeita a mudanças constantes.

Estas pessoas gostam de participar em eventos sociais e partilhar com amigos e familiares.

Na área laboral, focam-se e esforçam-se ao máximo para ter sucesso e consolidar os seus projetos. Independentemente da profissão que tenham, se se empenharem nela, serão capazes de alcançar o que se propuseram a fazer.

No amor, colocam a sua dignidade acima de tudo e isso pode causar conflitos. Embora sejam sempre muito generosos, empáticos e protetores.

As pessoas com ascendentes cancerosos são influenciadas pela família e podem manipulá-las.

Touro – Ascendente em Câncer

Essa combinação astral valoriza suas amizades, considerando-as como parte de sua família. São indivíduos solidários e empáticos.

No trabalho, eles têm sucesso graças a esse carisma amigável e empático, pois sabem tratar bem as pessoas e por esse caráter são sempre recompensados.

No amor, embora seus sentimentos sejam fortes, eles valorizam muito a liberdade e a confiança. Essas serão emoções fundamentais para poder preservar seus relacionamentos. No entanto, por vezes podem tomar decisões erradas.

As emoções e a sensibilidade são as maiores dificuldades destas pessoas, uma vez que podem causar problemas psicossomáticos.

Gêmeos – Câncer Ascendente

Gêmeos com Ascendentes em Câncer são pessoas com grande capacidade de comunicação.

Para essas pessoas, o mais importante é encontrar um emprego onde possam desenvolver sua criatividade e se sentirem confortáveis com o que estão executando e com quem estão se conectando.

Ocasionalmente, a falta de autoestima pode não permitir que realizem todo o seu potencial.

Em geral, são muito mais sensíveis e empáticos, mas no amor, sentir-se seguro e valorizado é uma necessidade primária.

Alguns escondem-se de qualquer conflito, pois o medo de serem expostos aterroriza-os.

Câncer – Câncer Ascendente

Esta combinação de sinais reforça as características do Câncer. Eles são as pessoas mais afetuosas e protetoras de todo o zodíaco.

Câncer com Ascendente Câncer vive suas emoções intensamente e isso permite que eles sejam extremamente percetivos para as emoções dos outros.

Na área do trabalho não são muito competitivos. Tentam sempre encontrar uma posição confortável onde não tenham de fazer esforços, mas que lhes permita viver sem preocupações.

Nas suas relações amorosas são propensos a idealizar o seu parceiro, alienando-se da realidade. Geralmente cedem sem pensar duas vezes aos desejos de quem amam. Às vezes, eles são instáveis e não têm controle emocional em suas vidas.

Leão – Ascendente em Câncer

Leão com Ascendente em Câncer são pessoas muito protetoras, adoram luxos, mas adoram compartilhá-los com aqueles que pertencem ao seu círculo mais próximo. Para essas pessoas, seus entes queridos são a prioridade em suas vidas e eles gostam de enchê-los de presentes.

Para este Ascendente, é prioritário ter estabilidade financeira porque isso oferece-lhes muita segurança. Ter acesso a recursos económicos garante-lhes poder viver como quiserem. Eles se esforçam para encontrar uma maneira de serem financeiramente prósperos.

Na área laboral, adoram adquirir novos conhecimentos e iniciar projetos, uma vez que são pessoas empreendedoras e com um grande espírito de luta.

No amor, eles podem ser muito ciumentos e manipuladores com seu parceiro.

Alguns usam o status social e os bens materiais como medidores para valorizar as pessoas, apreciando apenas as aparências.

Virgem – Ascendente em Câncer

Virgem com Ascendente em Câncer são pessoas que têm uma grande capacidade de comunicação, e imaginação e inteligência incríveis.

Eles têm habilidades sociais extraordinárias, pois estão interessados em ter muitos relacionamentos e, além disso, são muito agradáveis de lidar.

No amor, eles se concentram na família; Este é o tipo perfeito de pessoas para construir uma família forte.

Às vezes eles são tímidos, mas quando você os conhece, eles são encantadores.

Libra – Câncer Ascendente

Libra com Ascendente em Câncer é uma união de signos afetuosos e expressivos. Essa combinação é sempre bem-sucedida, principalmente nos relacionamentos.

Essas pessoas sempre buscarão estabilidade e formarão um lar.

Com o resto das relações são pessoas equilibradas e sabem pôr ordem e ser mediadores se necessário.

Por vezes, gostam de fazer o papel de vítimas, projetando os seus erros.

Escorpião – Ascendente em Câncer

Esta união de dois signos do elemento água reforça as características típicas do elemento. A sensibilidade desta combinação é notável.

Estes indivíduos devem refletir e analisar cada oportunidade para que possam verdadeiramente discernir o que lhes interessa.

Na área de trabalho, podem não avançar como gostariam, uma vez que, por vezes, tendem ao pessimismo.

A forma como dão afeto está relacionada com os seus interesses artísticos. Nas suas relações não se limitam regularmente com o parceiro, mas tornam-se muito permissivos.

Eles podem confundir paixão com amor, e manter um relacionamento estável pode ser difícil.

Sagitário – Ascendente em Câncer

Sagitário com Ascendente em Câncer são pessoas superintuitivas, mas com excelentes faculdades para o trabalho prático. Eles confiam em suas habilidades para executar qualquer trabalho.

Eles são muito focados e equilibrados, e gostam de compartilhar com sua família. No entanto, o desejo de ser aceite e amado leva-os a tomar decisões erradas.

Eles podem se tornar tão comprometidos com seu trabalho que isso pode até ser prejudicial para sua saúde e relacionamentos. Adoram censurar os outros, apesar de cometerem sempre os mesmos erros.

Capricórnio – Câncer Ascendente

Esta combinação do zodíaco complementa-se. A sensibilidade de Câncer juntamente com a disciplina de Capricórnio resulta em pessoas cumpridoras que valorizam compromissos.

No amor, preferem partilhar a sua vida com alguém em quem possam confiar. São indivíduos muito responsáveis e honestos que procuram a mesma coisa numa relação.

No trabalho, estão envolvidos em muitos projetos ao mesmo tempo, mas são independentes e conformes.

Há uma tendência para estas pessoas permanecerem numa relação que deve terminar por falta de afeto, uma vez que mantê-la pela tradição parece-lhes ser a coisa certa a fazer.

Aquário – Câncer Ascendente

Pessoas com essa influência são protetoras ao extremo. Às vezes tendem a ser desequilibrados, porque às vezes são levados pela razão, e não pela intuição

Na área laboral, são pessoas que são sempre bem-sucedidas, especialmente em empregos relacionados com o governo.

No amor adoram manter a sua independência, mas quando se apaixonam dão tudo pelo parceiro.

Um aspeto negativo deste Ascendente é que eles às vezes são influenciados por outras pessoas.

Peixes – Câncer Ascendente

Peixes com Câncer Ascendente é extremamente sensível e sonhador. Eles adoram novidades e estão focados em aprender constantemente.

Na área de trabalho são ambiciosos, e lutadores, pois buscam o sucesso e nunca desistem até obtê-lo.

O amor é importante para eles e partilhar momentos com a família é essencial, mesmo que estejam apaixonados.

Datas da sorte para casar em 2025:

2, 10 e 25 de janeiro

1, 2, 9 e 26 de fevereiro

Março 5 & 6

Abril 2, 8 e 20

2, 8 e 28 de maio

1, 6, 20 e 22 de junho

2, 3, 10 e 27 de julho

1, 12 e 15 de agosto

2, 20 e 24 de setembro

1, 3, 16 e 25 de outubro

Dias de Sorte para Rituais 2025

Janeiro

1º de janeiro: Dia de Ano Novo (Reflexão Espiritual, Definição de Intenção) Realize banhos espirituais e limpezas energéticas.

14 de janeiro: Lua Nova em Capricórnio (ótima para estabelecer metas e aterrar energia). Rituais por dinheiro.

15 de janeiro: Dia perfeito para rituais de amor.

25 de janeiro: Lua Cheia em Leão (Foco na Autoexpressão e Criatividade) Rituais para a Saúde.

Fevereiro

12 de fevereiro: Lua Nova em Aquário (Inovação e foco na comunidade) Rituais de amor.

19 de fevereiro: Pratique rituais de dinheiro.

24 de fevereiro: Lua Cheia em Virgem (Energia de Cura, Foco na Saúde e Ordem) Rituais de Saúde.

Março

2 de março: Lua Nova em Peixes (Maior intuição e sensibilidade emocional) Rituais de saúde e banhos espirituais.

6 de março: rituais de amor e saúde.

14 de março: Lua Cheia em Libra (Equilíbrio, Relacionamentos e Harmonia) 20 de março: Equinócio da primavera, Equilíbrio Luz e Escuridão, Energia de Renascimento)

21 de março: Rituais de dinheiro.

Abril

1 de abril: Domingo de Páscoa.

6 de abril: Lua Nova em Áries (Novos começos, bravura e ação) Rituais de dinheiro.

14 de abril: Lua Cheia em Escorpião (Transformação intensa, abandono de velhos padrões) rituais de amor.

20 de abril: Eclipse Solar (Lua Nova em Touro - Manifestação de abundância e estabilidade) rituais monetários.

Maio

5 de maio: Rituais de amor.

7 de maio: Lua Nova em Touro (energia terrena e de aterramento para manifestação) Rituais de dinheiro.

14 de maio: Rituais de saúde.

23 de maio: Lua Cheia em Sagitário (Aventura, busca da verdade, expansão) Rituais e limpezas energéticas.

Junho

5 de junho: Lua Nova em Gêmeos (Comunicação, aprendizado, curiosidade) Rituais de amor.

13 de junho: Rituais de amor.

21 de junho: Solstício de verão. Dia mais longo do ano, celebração da abundância e crescimento. Rituais de dinheiro.

22 de junho: Lua Cheia em Capricórnio (Trabalho Duro, Disciplina e Cumprimento de Objetivos) Rituais de dinheiro.

Julho

5 de julho Lua Nova em Câncer (Parentalidade, casa, bem-estar emocional) Rituais e amor.

9 de julho: Rituais para a saúde.

10 de julho: Lua Cheia em Aquário (Rebelião, liberdade e individualidade).

Agosto

5 de agosto: Lua Nova em Leão (Criatividade, Liderança e Autoconfiança) Rituais por Dinheiro.

12 de agosto: Pico da chuva de meteoros Perseide (Energia poderosa para desejos e manifestações. Qualquer ritual.

14 de agosto: Lua Cheia em Peixes (Espiritualidade, compaixão e sonhos).

23 de agosto: Eclipse Lunar - (Lua Cheia em Peixes) Libertação emocional, maior intuição. Rituais de amor.

etembro

5 de setembro: Lua Nova em Virgem (Saúde, Organização e Clareza) Rituais de saúde.

10 de setembro: Rituais de dinheiro.

21 de setembro: Lua Cheia em Áries (Ação ousada, coragem, início de novos projetos) Rituais de amor.

23 de setembro: Equinócio de outono. Equilíbrio dia e noite, colheita de energia, introspeção (pagão, Wicca, druida) Limpeza de energia.

Outubro

5 de outubro Lua Nova em Libra (Foco nos Relacionamentos, Equilíbrio e Diplomacia) Rituais de Amor.

14 de outubro: Eclipse Solar - (Lua Nova em Libra) Reajuste da dinâmica de relacionamento e harmonia interior.

20 de outubro: Rituais de saúde.

23 de outubro: Lua Cheia em Touro (Foco na Segurança, Valores e Estabilidade) Rituais de Dinheiro

Novembro

1 de novembro: - Honrando antepassados, morte e renascimento, comunicação espiritual. Rituais de dinheiro.

3 de novembro: Lua Nova em Escorpião (Profunda transformação, libertação e renascimento).

12 de novembro: Rituais de saúde.

19 de novembro: Lua Cheia em Gêmeos (Aprendizagem, Comunicação e Flexibilidade) Rituais de amor.

Dezembro

5 de dezembro: Lua Nova em Sagitário (Otimismo, Aventura e Busca da Verdade) Rituais de dinheiro.

8 de dezembro: Rituais de dinheiro.

21 de dezembro: Solstício de inverno. A Noite Mais Longa, Introspeção, Renovação (Pagão, Wicca, Druida) Rituais de Dinheiro.

24 de dezembro: Lua Cheia em Câncer (Conexões Emocionais, Casa e Família) Rituais de Saúde.

25 de dezembro: Natal.

31 de dezembro: Rituais para o novo ano de 2026.

Guias Espirituais e Proteções Energéticas

Os guias espirituais são extensões do nosso poder intrínseco de proteção. Esses seres nunca estão separados de você, porque você não está separado de ninguém, ou de qualquer coisa no universo.

Eles, e nós, fazemos parte da consciência energética divina. A diferença entre eles e nós é que os guias espirituais são uma forma diferente de manifestação da fonte divina.

Você pode a cessar seu poder inato de proteção quando estiver conectado ao seu guia espiritual. Seu protetor de energia pode ser seu anjo da guarda, um anjo, um arcanjo, um mestre ascendido, um deus, uma deusa ou um santo específico, dependendo de sua afinidade espiritual.

O guia espiritual ajuda você a se conectar e mantém a eficácia de seus escudos de energia diariamente. Além disso, é como um guarda-costas energético quando seus campos de energia enfraquecem ou vacilam.

Assim que puder, conecte-se com seu guia espiritual porque ele está sempre com você, você só tem que lhe dar permissão e ele irá acompanhá-lo em todos os momentos.

Somos todos um no plano espiritual, incluindo anjos, espíritos elementais, guias espirituais e mestres ascendidos.

Quando você se conecta com seus guias espirituais, você está se conectando com uma versão mais sublime de si mesmo, mas esses guias só podem ajudá-lo se você lhes der permissão para fazê-lo.

Invoque seus guias espirituais, concentrando sua mente e conceda-lhes permissão para ajudá-lo.

Traumas e Feridas do Passado

As emoções negativas geradas pelos cordões de energia que temos com nossos traumas não resolvidos são vampiros de energia.

Todas as experiências traumáticas que vivemos, e não são curadas, participam da maneira como apreciamos a nós mesmos, às outras pessoas e ao ambiente ao nosso redor.

O trauma tem o poder de moldar nossas opiniões, sentimentos e crenças. Por vezes, estas feridas entrincheiram-se reduzindo a nossa frequência vibracional, e conseguem captar indivíduos, ou situações, que validam e alimentam o que pensamos ou acreditamos.

Autossabotagem energética

A autossabotagem energética ocorre quando as crenças que temos sobre nós mesmos não correspondem às crenças que nosso eu superior tem sobre nós. Como consequência, quando a vida nos oferece oportunidades de evolução, felicidade e abundância, nosso ego está sempre na defensiva, pronto para nos sabotar.

A autossabotagem energética tende a se manifestar na forma de pretextos, justificativas e pensamentos restritivos sobre nós mesmos e sobre a vida em geral. Quando nos autossabotamos, inevitavelmente atraímos cadarços e ataques energéticos.

Quando isso acontece, somos propensos ao autoengano e condenamos os outros, ou culpamos a má sorte.

As pessoas em sua vida com quem você tem que passar horas extras aconselhando e ajudando, mas nunca siga seus conselhos, são as vítimas clássicas de ataques energéticos e cordões. Suas adversidades, do seu ponto de vista, são o resultado de más decisões, opiniões negativas e crenças limitantes. Mas, na verdade, isso é o resultado da poluição energética nas fases iniciais da sua vida.

Padrões Negativos de Pensamentos Enraizados

Padrões de pensamento negativo arraigados são o resultado de traumas não resolvidos, ou hábitos arraigados que não sabemos como destruir. Estes padrões geram emoções negativas graves que diminuem as nossas frequências energéticas de vibração e atraem laços energéticos ou cordões.

Não há nada mais fácil do que cair na armadilha da energia negativa. A nossa sociedade lisonjeia-o e aprova-o. Sente-se por apenas alguns minutos para assistir a um noticiário por três dias consecutivos e você verá como você acaba convencido de que seus sonhos nunca se tornarão realidade, que estamos à beira de uma terceira guerra mundial, que você tem que tomar remédio para tudo, e que o planeta está à beira do abismo. As séries de televisão e os filmes são o exemplo perfeito de que vivemos num mundo onde a negatividade é abundante e predominante.

Quando a nossa mente e o nosso corpo se adaptam a uma situação perturbadora, ou dramática, acabamos por saborear o drama. É supre fácil cair na armadilha da negatividade crônica. Tudo isso ataca seu campo de energia e diminui sua frequência vibracional.

Limpezas energéticas

Você deve confiar em sua intuição ao escolher métodos. Existem diferentes formas de o fazer, dependendo do tipo de cordão, ou laço energético. Somos todos diferentes, portanto, cada cordão, ou ligação energética, manifesta-se de forma diferente em cada campo energético. Não se esqueça de usar sua intuição e seu guia espiritual.

Limpeza Energética da Energia Sexual

Um dos cabos de energia mais fortes é criado a partir de uma relação. Esse vínculo é poderoso, porque é afetivo, e envolve a ativação da energia sexual. Durante o ato sexual, nos tornamos um com nosso parceiro, e isso implica que herdamos seu carma.

Imagine, se uma das duas pessoas, ou ambas na relação, tiveram relações sexuais com várias pessoas que estão muito infetadas com as energias dos outros, o que chamamos de ninho de larvas de energia é formado. Neste caso, é criada uma carga de energia potente. Se uma mulher engravida, e não fez uma limpeza energética, ou quebrou os cordões energéticos de outros relacionamentos, a criança que ela encarna vem do astral mais baixo, ou saturada, com cargas energéticas densas. Isso tem um impacto na sua qualidade como ser humano.

O ato sexual tem repercussões em todos os corpos, desde o físico, emocional, mental e até espiritual. Quando dois corpos se unem, seja por um beijo, abraço ou até mesmo em um simples toque, ocorre uma troca de energias.

A energia sexual é tão poderosa que o cordão energético é fortalecido, mesmo que a relação não exista. Os fluidos seminais e vaginais são sempre convertidos em plasmas energéticos dentro dos corpos energéticos, e assim a ligação não é facilmente quebrada.

Este tipo de cordão energético é capaz de suportar a passagem do tempo, a separação do casal e o fim da relação.

Infelizmente continuamos a unir-nos a todos aqueles com quem partilhámos a nossa cama, a nossa mesa e o nosso corpo físico e energético.

Se o ex-parceiro nos odeia, está sempre pensando mal de nós, ou está obcecado, recebemos pensamentos negativos, maldições, bloqueios e obstáculos através do cordão energético. Isso não só atrapalha a formação de um relacionamento melhor, como começamos a atrair pessoas energicamente carregadas. Ou seja, quando estamos contaminados com larvas de energia e parasitas, tanto nossos como de ex-parceiros, atraímos relações com essas mesmas frequências energéticas.

Se a relação era apenas troca sexual, a energia não sobe para os chakras superiores e estagna no segundo chakra sendo apenas energia de troca sexual. Mas se havia energia amorosa na relação, a energia sobe para o quarto chakra, e às vezes pode ir até o sétimo chakra. Isso significa que o seu sistema energético está totalmente contaminado.

Quando um casal separa os cordões energéticos que foram formados pelo amor e pela energia sexual, eles tendem a desaparecer gradualmente, ou permanecer, criando bloqueios e eventos negativos. Estes bloqueios estão alojados no nosso campo energético, e os seus sintomas transcendem o plano físico, dificultando o desenvolvimento de novas relações, ou estimulando uma emoção negativa de amor, entre outros contextos.

Existem diferentes formas de anular os cordões energéticos formados pela energia sexual. É sempre aconselhável realizar uma limpeza energética após um término, ou antes de iniciar um novo relacionamento. Essa é a única maneira de eliminar todos os tipos de energias residuais.

Ritual Energético para Quebrar o Cordão Energético Sexual

Este ritual consiste em tomar um banho com sal marinho. O sal tem qualidades purificadoras e é um limpador de energia muito forte.

Você toma banho normalmente no chuveiro com seus produtos de higiene pessoal. Então você pega um punhado de sal marinho na mão e passa o sal marinho por todo o corpo, de cima para baixo, como se estivesse segurando uma esponja.

Visualize o sal consumindo toda a negatividade. Você pode mudar o sal da mão para que você possa alcançar todas as áreas do seu corpo. É importante que você enfatize seu chakra raiz, ou seja, seus órgãos sexuais.

Depois de terminar este processo, você fica debaixo do chuveiro e deixa a água enxaguar o sal para que ele seja diluído e levado pela água. Seque-se com uma toalha, de preferência branca.

Então você se senta e acende uma vela branca, e dedica-a aos seus guias espirituais. Pede-lhes que o ajudem a libertar-se de todas as amarras que possam estar a prejudicá-lo. Você fecha os olhos e respira fundo, visualizando uma esfera de luz branca ao seu redor. Recrie em sua mente um cordão de luz que sai de você e o conecta com a outra pessoa que sai da área do coração.

Quando já tiver criado a imagem mental do cordão energético com o seu ex-parceiro, reconheça as oportunidades de aprendizagem e perdoe, se necessário. Imagine uma tesoura que corta o cabo de energia e repete:

"Corto os laços e qualquer ligação com **'o nome da pessoa'** e todos os cordões energéticos que nos unem, sem a possibilidade de serem restaurados. Excluo-vos da minha vida e desejo o melhor para a vossa evolução espiritual. Da minha amada e divina presença que sou, invoco a energia purificadora da chama branca e todos os seres de luz da chama branca para me ajudar a purificar a minha energia sexual, peço para transformar qualquer negatividade em luz em todas as minhas relações sexuais desta vida, e vidas passadas, peço para purificar a minha energia sexual para a sua perfeição divina."

Quando a vela branca estiver completamente consumida, deite fora o resíduo de cera no lixo normal.

Agradeça aos seus guias espirituais, anjos, arcanjos ou santos, pelo apoio neste ritual.

Alguns cabos de energia são mais difíceis de dissolver. Se o método acima não funcionou para você, você pode usar o seguinte:

Método #1. Quebrando o Cordão Energético da Energia Sexual

Este ritual deve ser realizado durante a fase de Lua Cheia.

Você deve obter um fio vermelho e uma vela preta. Você deve contar todos os parceiros sexuais que você já teve, e pronunciar seus nomes em voz alta, um por um. Ao fazê-lo, dê um nó no fio vermelho repetindo: "Nada de você em mim, nada de mim em você. Arcanjo Miguel, invoco-o agora. Por favor, corte os cordões energéticos do medo de que me tiram energia e vitalidade. Corta amorosamente com a tua espada de luz os laços que me ligam ao **"nome da pessoa"**.

Então você tem que queimar o fio com a chama da vela preta, oferecendo pensamentos generosos para a saúde e libertação espiritual de todos os nomes que você acabou de dizer.

Método #2. Quebrando o Cordão Energético da Energia Sexual

Coloque uma fotografia completa de si mesmo numa superfície plana e limpa. Envolva-o com um círculo de sal marinho, numa noite de luar na fase do último trimestre. Acenda uma vela branca fora do círculo.

Encha um copo de vidro com álcool e dilua uma colher de sopa de sal marinho. Escreva o nome do seu Ex num pedaço de papel e coloque-o dentro do copo. Deixe-o ao lado do círculo de sal marinho por sete dias e, em seguida, jogue o líquido por um ralo e o papel no lixo.

Tudo isso tem que ficar por uma semana. Diariamente adicione uma pitada de sal marinho ao círculo. Ao fazer isso, concentre-se na ideia de remover essa pessoa de sua vida.

Método #3. Quebrando o Cordão Energético da Energia Sexual

Faça-o na fase do Último Quarto de Lua, se possível numa sexta-feira.

Você deve obter:

1 vela vermelha, pequena.

1 incenso de rosa.

Sal marinho.

Pimenta preta moída.

Areia fina ou pedras pequenas.

Uma folha de papel.

Algumas gotas de limão.

Algumas gotas de vinagre.

1 caneta de tinta preta.

1 frasco de vidro vazio (pequeno).

Você acende a vela vermelha onde você vai cortar o cabo de energia. Quando tiver acendido a vela, acenda o incenso rosa e diga a seguinte frase em voz alta:

"Obrigado, Anjo da Guarda, por me permitir realizar este feitiço. Peço sua permissão e solicito que **"o nome do seu ex-parceiro"** seja removido para sempre do meu campo de energia. Que o vosso caminho se separe do meu neste momento. Obrigada, obrigada, obrigada.

Quando a vela está prestes a queimar, você escreve no papel o nome e sobrenome da pessoa e, no verso da folha, desenha o símbolo do infinito:

∞

Em seguida, você coloca alguns restos de cera da vela no frasco de vidro, as cinzas do incenso e o papel com o nome do seu Ex nele.

Introduza o sal, a pimenta e a areia, ou pequenas pedras, e polvilhe algumas gotas do sumo de limão e um pouco de vinagre.

Quando tiver o frasco cheio, feche-o bem e enterre-o num local onde existam muitas plantas.

Método #4. Quebrando o Cordão Energético da Energia Sexual

Este método é rejeitado por alguns porque têm medo dele. Aqui você deve usar o solo do cemitério.

O solo dos cemitérios, e a sua utilização no corte de cabos energéticos, é um tema controverso porque está associado à magia negra. Geralmente muitas pessoas relacionam a terra do cemitério com coisas sombrias, e bruxaria, porque em nossa cultura o conceito de morte é muito negativo.

É verdade que a terra do cemitério é usada com o propósito de causar danos, é comum que os praticantes de magia negra, entre outros tipos de feitiços, misturem terra de cemitério e enxofre em pó com o cabelo de um inimigo, ou substâncias corporais, e causem vários infortúnios

O solo do cemitério também pode ser usado em rituais de magia branca.

Você deve escolher o solo de uma sepultura que corresponde a uma pessoa que você amou muito. Pode ser um membro da família, um amigo ou um ex-parceiro. Se você não tem acesso a esse tipo de solo, você pode escolher algum solo do túmulo de uma criança, ou de um bebê, pois estes representam inocência e amor puro.

Pegue um papel branco e escreva o nome da pessoa com quem você quer cortar o cabo de energia, coloque-o dentro de um frasco de cor escura, adicione algumas folhas de arruda e manjericão e o solo do cemitério. Você fecha e amarra um fio vermelho com 7 nós do lado de fora. Então você leva para o cemitério e enterra. Quando o está a enterrar, repete: "Peço permissão à terra, para que sejam removidos todos os cordões energéticos que me ligam a esta pessoa. Sou livre e rodeio-me do círculo protetor de São Miguel Arcanjo."

Limpeza Energética de Roupas

Devemos também aprender a limpar as energias negativas das roupas que usamos diariamente.

Às vezes, as energias escuras ficam presas a roupas, sapatos, joias e outros objetos de uso pessoal.

Existem alguns elementos, e recursos, fáceis de encontrar para limpar nossas roupas e, assim, evitar a contaminação negativa.

Geralmente não sabemos que as roupas que usamos podem ter um efeito negativo sobre nosso humor, campo de energia e chakras.

As cores, a fabricação e o tipo de material com o qual as roupas que usamos para nos vestir são feitas emitem vibrações e ondas de energia, que afetam nosso campo eletromagnético e influenciam nossas emoções.

Existem materiais específicos que atraem e transmitem frequências positivas e negativas da atmosfera e de tudo o que nos rodeia. Por essas razões, você costuma notar que muitas tendências espirituais, ou religiões, usam as cores branco, laranja, amarelo e azul. Essas cores têm a capacidade de absorver as vibrações positivas do universo e repelir as negativas.

É muito importante que todas as roupas rasgadas, velhas e usadas que você tem sejam jogadas fora, porque esse tipo de roupa atrai energias negativas.

A primeira opção para purificar suas roupas é lavá-las com sal marinho e vinagre e, em seguida, expô-las ao sol. Você também pode passar pelo seu armário de roupas a fumaça de Paló Santo ou White Sage.

Outra opção seria colocar sal marinho nos quatro cantos do armário onde guarda a roupa, ou quatro cabeças de alho.

Você não deve usar roupas de outras pessoas, muito menos sapatos. E se você estiver indo em uma viagem, onde camas de hotel, colchões, roupas de cama, fronhas, toalhas e toalhas de rosto são usadas por milhões de pessoas, lembre-se de fazer uma limpeza profunda energética quando voltar.

Além disso, quando você compra algumas roupas que pertenciam a outra pessoa, você está assumindo a energia dessa pessoa que anteriormente as possuía. Essas roupas armazenam emoções e pensamentos pesados que podem se agarrar à sua aura. É como se você tivesse cordões energéticos conectados a essa pessoa e sua energia. Em alguns casos não há cordão, mas sua energia ainda é implantada nas roupas.

Como elevar as nossas vibrações energéticas.

Estamos definitivamente no início de uma década e de um novo ciclo. Esta etapa é muito complexa e testemunharemos muitos eventos que nos trarão mudanças, incluindo a da nossa consciência.

A minha sugestão é que, para fluirmos com a corrente, temos de tentar elevar o nosso campo energético, pois desta forma alcançaremos os nossos objetivos ao mesmo tempo que removemos algumas barreiras.

Entre os meus conselhos, o principal é tomar consciência dos nossos pensamentos, lembrar que cada um deles nos influencia. Se no meio de um pensamento negativo você muda para outro que o fortalece, você eleva sua vibração energética e revigora a si mesmo, e seu campo de energia próximo.

Pratique meditação regularmente. Mesmo que sejam apenas alguns minutos por dia enquanto você espera em um semáforo, essa prática é significativa.

Esteja atento aos alimentos que compra. Existem alimentos de baixa e alta energia. Os alimentos feitos com substâncias químicas nocivas irão decompô-lo. As substâncias artificiais são produzidas com baixas energias. Alimentos com alta alcalinidade, como frutas, vegetais, nozes, pão ázimo e azeite virgem são frequentemente considerados de alta energia e reparadores musculares.

Alimentos com alto percentual de acidez, como cereais à base de farinha, carnes, laticínios e açúcares estão na faixa das energias mais baixas, aquelas que nos adoecem.

O álcool, e quase todas as drogas artificiais, legais ou não, reduzem o nível de energia corporal. Além disso, expõem-no a continuar a atrair mais energias negativas para a sua vida.

Pelo simples fato de consumir substâncias de baixa energia, você verá que pessoas com baixas energias começam a aparecer em sua vida. Eles vão querer convidá-lo a tomar essas substâncias, se divertir com você e incentivá-lo a repetir esses padrões prejudiciais.

Preste atenção à música que ouve. Vibrações musicais incoerentes, monótonas e altas diminuem seus níveis de energia. O mesmo vale para letras de músicas que refletem ressentimento, tristeza, medo e brutalidade, porque são energias baixas que enviam mensagens debilitantes ao seu subconsciente e saturam sua vida com energias semelhantes.

Se você quer atrair a violência, ouça músicas com letras cruéis, e essa música se tornará parte de sua vida. Se você quer atrair paz e amor, ouça vibrações musicais e letras de músicas que expressam seus desejos.

Tome consciência dos níveis de energia do seu ambiente doméstico. Pinturas, enfeites, frases espirituais, livros, as cores nas paredes da sua casa e até mesmo a disposição dos móveis criam uma energia na qual você fica imerso por metade do tempo que passa acordado.

Diminua as horas em frente à TV ou nas redes sociais. De acordo com as estatísticas, as crianças assistem a 20.000 assassinatos simulados na TV de casa, ou na internet, antes de completarem catorze anos. A notícia insiste em trazer o infernal para sua casa e, em grande medida, esquece o bom. É uma corrente invariável de negatividade que assalta o seu espaço sagrado e atrai tanto para a sua vida.

O crime é o principal componente dos programas, e os comerciais são anúncios patrocinados por grandes corporações farmacêuticas que visam convencê-lo de que a felicidade pode ser encontrada em seus medicamentos. O público é informado de que precisa de todos os tipos de medicamentos de baixo consumo energético para superar qualquer doença física ou mental.

Aumente o seu campo de energia com imagens. As fotografias são uma forma de reprodução de energia, uma vez que toda a fotografia contém energia. Coloque estrategicamente fotografias de momentos de felicidade, de amor na sua casa, no seu local de trabalho, no seu carro ou na sua carteira.

Coloque fotografias da natureza, dos animais, das expressões de alegria e amor no seu ambiente, e a energia vai brilhar no seu coração e dar-lhe a sua alta frequência.

Tome consciência dos níveis de energia dos seus amigos, conhecidos e familiares. Você pode elevar seus níveis de energia estando no campo de energia de outras pessoas com uma ressonância próxima à consciência espiritual.

Monitore suas atividades e onde elas ocorrem. Evite campos de baixa energia onde há muito uso de álcool, drogas ou comportamento violento, bem como encontros focados em separações religiosas, raciais ou preconceituosas.

Estes eventos irão influenciá-lo a não elevar a sua energia, e também a sincronizar com a energia mais baixa, aquela que o consome.

Interaja com a natureza, aprecie a sua beleza, faça uma caminhada, nade, desfrute da natureza. Participe de aulas de espiritualidade, aulas de yoga, faça massagens, vá a centros de meditação e ajude os outros.

A Aura

Somos mais do que o nosso corpo físico. Temos outros corpos que vivem em dimensões paralelas, e em torno do nosso corpo, que é chamado de campo áurico.

A aura é uma energia que está permeada em todos os seres vivos, e sua estrutura é determinada pela composição desses seres. A aura humana é a mais complexa, atingindo mais de um metro em torno do corpo físico.

Nossa aura tem sete camadas, ou corpos, que se relacionam com os sete chakras e se estendem para fora do centro do nosso corpo físico. Essas camadas são chamadas: corpos físicos, etéricos, emocionais, mentais, causais, intuitivos, espirituais.

Todos eles têm as suas próprias funções e características. Todos esses corpos da aura ocupam aquele que a precede e, ao mesmo tempo, expandem-se para além dela.

Devido à sua natureza dinâmica, a aura pode projetar e propagar sua energia para os objetos e ambiente ao nosso redor, transmitindo e recebendo energia entre eles ao mesmo tempo.

A aura é o que torna mais fácil perceber a energia das pessoas e dos lugares. Estamos todos em permanente feedback com o mundo que nos rodeia. A aura é como uma esponja que absorve todos os tipos de energias de pessoas e lugares, devido às suas habilidades recetivas e percetivas.

As energias que permeiam nossa aura, se não as limparmos, têm a capacidade de influenciar nossos padrões de pensamentos, emoções e comportamentos.

As três primeiras camadas da aura metabolizam a energia relacionada ao mundo físico, e as três camadas superiores se relacionam com o mundo espiritual. O corpo, ou camada astral, se conecta com o chakra cardíaco, e transmite energia entre os mundos físico e espiritual.

Normalmente, os ataques energéticos manifestam-se nas três primeiras camadas, ou corpos, pois são os mais influenciados pelas nossas experiências e comportamentos.

Um ataque energético, consciente ou subconsciente, ocorre porque o agressor descobre uma fraqueza, ou fragilidade, em uma das camadas áuricas e transmite energias negativas, ou absorve a energia positiva.

Os Chakras

Os chakras são centros de energia. Eles são em forma de roda e têm localizações específicas na carroceria. Os chakras são canais de comunicação entre os planos físico e espiritual.

Sua aparência é semelhante às pétalas de uma flor de lótus. Eles têm cores diferentes e giram em diferentes velocidades, transmitindo energia através dos corpos físico, emocional, mental e espiritual. Os chakras devem ser saudáveis e equilibrados, o que é essencial para o bem-estar da nossa mente, corpo e espírito.

Cada chakra tem sete camadas, que correspondem às sete camadas da nossa aura.

Todos os ataques energéticos, ou cordões, que se ligam à sua aura têm a capacidade de penetrar no núcleo dos seus chakras, pois as sete camadas da aura são extensões dos seus chakras.

Os sete chakras têm suas próprias características e energias, e estão localizados em uma parte diferente do corpo, mas todos eles estão conectados uns aos outros.

Estando conectado por um canal energético, se um chakra sofre um ataque energético, ele afeta todo o sistema. Os vícios, ou a prática da magia negra, perturbam e quebram os chakras. Além disso, se você tiver muitos cabos de energia, eles ficam contaminados ou bloqueados.

É muito comum que a aura e os chakras das crianças sejam afetados pela negatividade, ou cordões de energia, de seus pais. Os chakras das crianças são completamente abertos, sem filtro protetor para purificar a energia que recebem.

Na infância, somos protegidos pelos campos de energia de nossos pais, e essa é a razão pela qual os pensamentos, padrões de comportamento, emoções, crenças ou eventos da vida de nossos pais são transmitidos aos nossos chakras.

Se você não fizer uma limpeza energética, sua evolução é prejudicada e você fica vulnerável a ataques energéticos. É comum ver crianças com chakras densos, deformados e alterados por sujeira, e cordões energéticos, que lhes foram transmitidos por seus pais.

Uma aura poluída é semelhante a uma esponja suja transbordando de energias negativas, sombria, com teias de aranha etéricas e muco áurico. Os contornos são indefinidos, as camadas se unem e interferem nas tarefas e qualidades umas das outras.

Calendário Lua Cheia 2025

Lua de lobo sábado, 11 de janeiro
Lua de Neve segunda-feira, 10 de fevereiro
Worm Moon Quarta-feira, 12 de março
Luna Rosa Quinta-feira, 10 de abril
Lua Flor Sábado, 10 de maio
Lua de Morango segunda-feira, 9 de junho
Lua de veado terça-feira, 8 de julho
Lua de Esturjão Quinta-feira, 7 de agosto
Lua da Colheita Sexta-feira, 5 de setembro
Lua do Caçador Domingo, 5 de outubro
Lua do Castor Segunda-feira, 3 de novembro
Lua Fria Quarta-feira, 3 de dezembro

O que é prosperidade?

A prosperidade está geralmente relacionada com dinheiro, mas ter dinheiro não significa que sejamos prósperos. Existe uma relação entre dinheiro e prosperidade, uma vez que ambos os termos estão relacionados com o autoaperfeiçoamento e com o progresso que pode desenvolver nas diferentes fases da sua vida.

Há muitos milionários no mundo que não estão felizes. Há pessoas com muito dinheiro que vivem sozinhas, estão doentes e procuram preencher os seus vazios emocionais com drogas ou outras dependências. Muitas pessoas bem-sucedidas tiraram suas próprias vidas apesar de suas fortunas, porque a prosperidade é uma experiência emocional, não um acúmulo de dinheiro.

Na realidade, o que procuramos, por trás de toda essa ânsia de ter muito dinheiro, é nos sentirmos satisfeitos, realizados, felizes, prósperos e experimentar essa sensação de termos alcançado nossos propósitos.

Ter prosperidade é alcançar os nossos propósitos e viver um estilo de vida saudável.

A verdadeira prosperidade é sentir-se satisfeito, satisfeito e feliz porque, mesmo que você acumule milhões de dólares se não tiver tempo para compartilhar com sua família, saúde, entusiasmo e alegria de viver, você nunca será verdadeiramente próspero.

Acumular dinheiro e bens materiais não é um símbolo de prosperidade, quando o dinheiro te escraviza e te rouba a tua paz espiritual, não é prosperidade verdadeira.

Algumas pessoas têm como principal objetivo em suas vidas tornarem-se milionárias através do acúmulo de dinheiro ou da aquisição de bens. Isso leva à ganância, minimizando o conceito de prosperidade, uma vez que eles só se preocupam com seu bem-estar econômico e material. Ao desviarem-se por este caminho, negligenciam o seu desenvolvimento profissional e pessoal, a sua saúde e os seus compromissos sociais.

A ganância pela riqueza está associada a diferentes doenças físicas devido ao excesso de trabalho, problemas familiares e, por vezes, coloca em risco valores éticos e morais.

A prosperidade tem uma relação diretamente proporcional ao bem-estar económico, mas também ao equilíbrio emocional, familiar, profissional e pessoal. Você não pode ter prosperidade financeira se não tiver harmonia e equilíbrio em sua vida.

Para ter prosperidade é preciso conhecer o seu propósito de vida, e ter qualidade de vida. O Universo é infinito, e a única barreira à prosperidade é criada por nós em nossas mentes. A privação económica é uma consequência dos nossos padrões mentais e emocionais.

Energia limpa até 2025

Casa de banho para abrir os seus caminhos 2025

*Deve fazer este banho na primeira semana do ano.

Para que o ano seja positivo, este banho é muito benéfico.

Ferva arruda, louro, hortelã, manjericão, saraguey alecrim break e 9 flores brancas. Quando arrefecer, coloque mel e misture com mais água na banheira. Você mergulha naquele banho poderoso por 15 minutos. Quando sair, não se seque com a toalha.

 Se desejar, você pode usá-lo para limpar sua casa ou escritório, sempre limpando na direção da porta da frente do local.

*Pesquise no Google quais outros nomes o disjuntor Saraguey tem no seu país.

Nadar com sorte

Este banho é especial se você quiser ter sucesso em algo específico. Procure um buquê da planta da camomila, 2 colheres de sopa de mel, um pau de canela e 2 laranjas. Você ferve todos esses ingredientes e quando a mistura esfria, você despeja na sua banheira. Deve fazê-lo durante 3 dias consecutivos.

Escolha entre estes banhos os que necessita, de acordo com a sua situação para que comece o ano energeticamente purificado.

Banho de Remoção de Bloqueio

Numa tigela adicione 9 colheres de sopa de mel, canela e 9 colheres de sopa de açúcar. Você mistura muito bem, deixa descansar ao luar e, no dia seguinte, toma banho nessa mistura.

Casa de banho para atrair harmonia em casa

Ferva uma planta de alecrim, cravo de canela e manjericão com água benta ou água da lua. Você

coloca para esfriar e adicionar óleo essencial de lavanda.
Você joga na banheira, mergulha por 15 minutos e pronto.

Banho Contra a Inveja

Se você quiser cortar o mau-olhado, ou inveja, você deve ferver 8 limões, 3 colheres de sopa de mel, 3 colheres de sopa de açúcar, em 3 litros de água. Quando estiver um pouco frio, misture com água na banheira e mergulhe por meia hora.

Banho contra a negatividade

Necessidade:

5 folhas de alecrim

Camomila

3 folhas de arruda

1 folha de manjericão,

3 Ramos de Louro

3 ramos de tomilho

Sal Marinho

7 pimentos pretos

Cominho

1 raminho de canela

1 colher de sopa de mel

Ferva todos os ingredientes, exceto o mel e o sal, por 5 minutos. Quando arrefecer, adicione o mel e o sal. Tome um banho com esta mistura por três dias consecutivos e você não só vai afastar as energias negativas, mas você vai atrair abundância para a sua vida.

Casa de banho para atrair dinheiro

Necessidade:

7 flores de cores diferentes

7 colheres de sopa de mel

Água do mar ou chuva

3 água de coco

1 contentor

3 gotas do seu perfume favorito

No recipiente você coloca as pétalas das flores e a água da chuva ou água do mar. Em seguida, você adiciona as gotas de perfume e água de coco. Você mistura tudo e toma banho por uma semana com essa água mística.

Toda vez que você usa este banho espiritual, você repete em voz alta: Eu sou uma pessoa próspera, que tem riqueza e abundância. Os caminhos do dinheiro são claros para mim e recebo tudo o que me pertence no Universo.

Banho de Maldição

Necessidade:

4 folhas de alecrim

3 folhas de arruda

2 folhas de louro

1 Folha de Artemis

Você mistura todas essas folhas com água e deixa descansar durante a noite.

No dia seguinte você se banha nessa mistura ou você estará livre de toda maldição.

Banho afrodisíaco

Necessidade:

5 Pétalo de Rosa

5 folhas ou ramos de alecrim

5 folhas de tomilho

5 Folha de Manjericão

5 Flores de Jasmim

Você ferve todos os ingredientes e banha-se com essa água antes de dormir, não te seque com a toalha.

Banho de beleza

Necessidade:

5 Folhas de Lavanda

5 folhas de alecrim

3 folhas de hortelã

1 flor de lírio

7 folhas de tomilho

Você deve esmagar todas essas plantas, com um pouco de água para que seja mais fácil para você, e você pode fazê-lo como uma pasta.

Quando tomar banho, espalha-o por todo o corpo, fique assim por 15 minutos. Em seguida, enxague, mas não seque a toalha.

Banho para Restaurar Energias e Vitalidade

Necessidade:

9 Folhas de cravo

9 folhas de lavanda

9 folhas de alecrim

9 folhas de manjericão

Ferva todas as folhas por 5 minutos, mexa a mistura no sentido horário. Quando arrefecer, use-o. Este banho dá-lhe força, você deve fazê-lo por três dias consecutivos.

Banho para atrair o amor

Necessidade:

3 pétalas de rosa vermelhas

3 folhas de hortelã

4 ramos de salsa

Misture esses ingredientes e coloque-os em seu perfume favorito ou colônia. Despeje em si mesmo diariamente para que o amor entre em sua vida.

Casa de banho para obter dinheiro rápido

Necessidade:

3 folhas de alecrim

2 folhas de manjericão

Canela

3 folhas de hortelã

Banhe-se nesta mistura depois de ferver por 30 minutos. Não se seque com a toalha.

Casa de Banho para Prosperidade Material

Necessidade:

3 cravos da índia

2 folhas de salsa

1 folha de arruda

Banhe-se nesta mistura depois de ferver por 30 minutos. Não se seque com a toalha.

Banho para a Paz Espiritual

Necessidade:

3 Pétalas de girassol

2 pétalas de rosa vermelhas

3 Jasmim

Pulverize o seu corpo com esta água depois de misturar todos estes ingredientes. Não se seque com a toalha.

Casa de banho para proteção contra a inveja

Necessidade:

7 folhas de alecrim

3 folhas de louro

2 folhas de manjericão

Anis estrelado

1 folhas de Rompe Saraguey

Banhe-se nesta mistura durante 5 dias consecutivos. Não se seque com a toalha.

Casa de banho para atrair o sucesso

Necessidade:

9 pétalas de girassol

9 rosas vermelhas

9 rosas cor-de-rosa

9 rosas brancas

2 ramos da arruda

4 laranjas

9 folhas de manjericão

1 vela dourada

1 pacote de cravo-da-índia

1 recipiente grande

Papel amarelo

Deve ferver água durante 10 minutos e depois adicionar os componentes por esta ordem: girassóis, arruda, folhas de manjericão, laranja e cravo. Mexa durante 3 minutos e deixe arrefecer. Antes de começar a tomar banho, acenda a vela. Enquanto você toma banho, você pede ao seu anjo da guarda que o envolva em sua luz e abra seus caminhos. Não se seque com a toalha.

Você termina embrulhando o lixo no papel e deixando-o fora de sua casa.

Banho para sorte instantânea

Necessidade:

minério

manjericão

alecrim

camomila

canela

mel

Você deve preparar uma mistura com esses ingredientes em uma sexta-feira no horário de Vênus. Ferva-os por 5 minutos e deixe-os descansar. Depois banha-se da cabeça aos pés e, enquanto o faz, repete na sua mente: "Tenho sorte e poder" Não se seque com a toalha.

Casa de banho para boa sorte

Necessidade:

pau de canela

8 folhas de manjericão

9 folhas de alecrim

9 folhas de tomilho

Ferva todos os ingredientes, depois coloque-o à luz da Lua Cheia. No dia seguinte, banha-se nesta mistura. Não se seque com a toalha.

Banho para atrair o amor

Necessidade:

Cundiamor

Manjericão

Hortelã

Girassol

Verbena

3 flores amarelas.

Coloque todos os ingredientes dentro de um recipiente de vidro. Deixe-o exposto ao Sol e à Lua por três dias e três noites. Depois toma um banho com esta mistura. Não se seque com a toalha.

Banho para ser atraente

Misture 4 rosas, 4 lírios, canela, casca de maçã vermelha e hortelã em uma tigela de água da chuva. Você o deixa exposto por 2 noites ao luar. No dia seguinte, coe e banhe-se nesta água. Não se seque com a toalha.

Banho para recuperar um amor

Necessidade:

7 folhas de hortelã.

4 folhas de manjerona.

4 folhas de laranja

6 folhas de verbena

2 cravos da índia

Álcool

Você deve esmagar todas as plantas, extrair o suco apertando-as. Você prepara uma infusão com o cravo, e quando esfria você adiciona extrato de planta e álcool. Após o seu banho normal, derrama essa infusão sobre o seu corpo. Não se seque com a toalha.

Banho para eliminar o mau-olhado

Necessidade:

Água do rio

Água do mar.

Águas pluviais.

Minério

Misture as três águas com a arruda e ferva. Quando arrefecer, coloque-o num recipiente e banhe-se durante três dias consecutivos com a mistura.

Não se seque com a toalha.

Banho para atrair abundância

Necessidade:

Ramos de Salsa.

Varas de Sálvia

Ramos de Rompe Saraguey.

5 rosas amarelas.

Mel de abelha.

1 vela verde

Esmague todas as plantas com água, adicione mel e deixe esta mistura exposta ao Sol e à Lua durante um dia inteiro.

Você divide em 3 partes e armazena em um recipiente de vidro. Acenda a vela verde e durante três dias consecutivos banha-se na mistura. Não se seque com a toalha.

Rituais para o mês de janeiro

Ritual pelo dinheiro

Necessidade:

-Gelo
- Água Santa, a Abençoada
- Grãos de milho
- Sal marinho
- 1 recipiente de argila
- Três velas flutuantes verdes
- Papel cartucho ou pergaminho e lápis
- 1 agulha de costura nova

Escreva os seus pedidos sobre dinheiro no papel e, em seguida, escreva o seu nome nas velas com a agulha. Para limpar sua energia você vai usar o recipiente de argila onde você vai colocar o gelo e a água sagrada, em proporções iguais você adiciona três punhados de sal marinho.

Coloque as duas mãos na caçarola para que você esteja expelindo as energias negativas que você tem dentro de você. Retire as mãos da água, mas não as seque.

Adicione um punhado de milho ao recipiente e volte a colocar as mãos durante três minutos. A última coisa que você vai fazer é acender as velas com fósforos de madeira e colocá-los dentro do recipiente. Com o fogo das três velas, você queima o papel com seus desejos e você vai deixar as velas queimarem. Os restos deste feitiço você enterra em algum lugar onde o Sol pode dá-lo, porque desta forma seu desejo continuará a receber energias.

Feitiço para boas energias e prosperidade

Necessidade:

– 1 folha de papel azul

- Sal marinho

- 1 vela grande chapeada

- 3 incensos rosa

- 16 velas brancas pequenas

Forme um círculo na folha de papel com o sal. Em cima do círculo feito com o sal, ele estrutura dois círculos, um com as cinco velas pequenas e outro no exterior com os onze restantes. Coloque a vela de prata no meio. Você acende as velas na seguinte ordem: primeiro, as do círculo interno, depois as do círculo externo e, finalmente, as do meio. Você deve acender o incenso com a vela maior e colocá-lo em um recipiente fora dos círculos. Ao realizar esta operação, visualize seus desejos de prosperidade e sucesso. Finalmente, deixe todas as velas queimarem. Você pode jogar os restos no lixo.

itual para o Amor

Necessidade:

- 1 Laranja

- Caneta vermelha

- Papel dourado

- 1 vela vermelha

- 7 novas agulhas de costura

- Fita vermelha

- Fita amarela

Você corta o laranja em dois e no lugar do meio o papel dourado onde você já terá escrito seu nome cinco vezes e o da pessoa que você ama com tonalidade vermelha. Feche a laranja com o papel dentro e segure-a com as agulhas de costura.

Então você enrolá-lo com a fita amarela e vermelha, ele deve ser encantado. Você acende a vela vermelha e coloca a vela laranja na frente dela.

Ao realizar este ritual, repita em voz alta: "O amor reina no meu coração, estou para sempre unido (você repete o nome da pessoa), ninguém nos separará".

Quando a vela queimar, você deve enterrar a laranja em seu quintal ou em um parque, de preferência onde há flores.

Feitiço para fazer alguém pensar em você

Pegue um espelho que as mulheres usam para se maquiar e coloque uma foto sua atrás do espelho. Em seguida, você tira uma fotografia da pessoa que você quer pensar em si mesmo e a coloca de bruços em frente ao espelho (para que as duas fotos estejam se olhando com o espelho entre elas). Envolva o espelho com um pedaço de pano vermelho e amarre-o com um fio vermelho para que fiquem seguros e as fotografias não se possam mover. Este deve ser colocado debaixo da sua cama e bem escondido.

Ritual para a Saúde

Feitiço para preservar a boa saúde

Elementos necessários.
- 1 vela branca.
- 1 carta do Anjo da sua devoção.
- 3 incensos de sândalo.
- Carvões.
- Eucalipto seco e manjericão.
- Um punhado de arroz, um punhado de trigo.
- 1 prato branco ou uma bandeja.
- 8 pétalas de rosa.
- 1 frasco de perfume, pessoal.
- 1 caixa de madeira.

Você deve limpar o ambiente acendendo os carvões em um recipiente metálico. Quando os carvões estiverem bem acesos, você colocará gradualmente as ervas secas neles e percorrerá a sala com o recipiente, para que as energias negativas sejam eliminadas. Uma vez terminado o incenso, deve abrir as janelas para que o fumo se dissipe. Monte um altar sobre uma mesa coberta com uma toalha branca. Coloque a carta escolhida em cima dela e coloque as três peças

de incenso em torno dela em forma de triângulo.
Você deve consagrar a vela branca, depois acendê-la e colocá-la na frente do anjo junto com o perfume descoberto.
Você deve estar relaxado, para isso você deve se concentrar em sua respiração. Visualize o seu anjo e agradeça a ele por toda a boa saúde que você tem e sempre terá, essa gratidão tem que vir do fundo do seu coração.
Depois de lhe agradecer, dar-lhe-ás como oferenda o punhado de arroz e o punhado de trigo, que deves colocar dentro da bandeja ou prato branco.

No altar você polvilha todas as pétalas de rosa, agradecendo os favores recebidos.
Depois de terminar de agradecer, você deixará a vela acesa até que ela seja completamente consumida. A última coisa que você deve fazer é reunir todos os restos da vela, paus de incenso, arroz e trigo, e colocá-los em um saco plástico e você vai jogá-lo em um lugar onde há árvores sem o saco.

Você coloca a imagem do anjo e as pétalas de rosa dentro da caixa e as coloca em um lugar seguro em sua casa.
O perfume energizado que você usa quando sente que as energias estão diminuindo, enquanto visualiza seu anjo e pede sua proteção. Este ritual é mais eficaz se o realizar numa quinta-feira ou segunda-feira à hora de Júpiter ou da Lua.

Rituais para o mês de fevereiro

Ritual com Mel para Atrair Prosperidade.

Necessidade:

- 1 vela branca

- 1 vela azul

- 1 Vela Verde

- 3 Ametistas.

- 1/4 litro de mel puro

-Alecrim.

- 1 agulha de costura nova

Numa segunda-feira, na altura da Lua, escreve na vela verde o símbolo do dinheiro ($), na vela branca um pentáculo e na vela azul o símbolo astrológico do planeta Júpiter. Em seguida, cubra-os com mel e espalhe a canela e o alecrim sobre eles, nessa ordem. Em seguida, coloque-os em forma de pirâmide, com a ponta superior sendo a vela verde, a esquerda a vela azul e a direita a vela branca. Ao lado de cada vela você coloca uma ametista. Ligue-os e peça aos seus guias espirituais ou anjo da guarda prosperidade material. Você verá os resultados tremendos.

Para atrair o amor impossível

Necessidade:

- 1 rosa vermelha

- 1 rosa branca

- 1 vela vermelha

- 1 vela branca

- 3 velas amarelas

- Fonte de vidro

- Pentáculo #4 de Vénus

Você deve colocar as velas amarelas na forma de um triângulo. Você escreve na parte de trás do pentáculo de Vênus seus desejos sobre o amor e o nome daquela pessoa que você quer em sua vida, você coloca a fonte em cima do pentáculo no meio. Você acende as velas vermelhas e brancas e as coloca no prato junto com as rosas. Você repete esta frase: "O universo desvia para o meu coração a luz do amor de (nome completo)." Você repete três vezes. Quando as velas se apagam, você leva tudo para o quintal e enterra.

Ritual para a Saúde

Feitiço para dor crônica.

Elementos necessários:
- 1 vela dourada
- 1 vela branca
- 1 vela verde
- 1 Turmalina negra
- 1 foto sua ou item pessoal
- 1 copo de água da lua
- Fotografia da pessoa ou objeto pessoal

Coloque as 3 velas em forma de triângulo e coloque a foto ou objeto pessoal no centro. Você coloca o copo de água da lua em cima da foto e despeja a turmalina dentro. Em seguida, você acende as velas e repete o seguinte encantamento: "Eu acendo esta vela para alcançar minha recuperação, invocando meus fogos internos e as salamandras e ondinas protetoras, para transmutar essa dor e desconforto em energia curativa de saúde e bem-estar. Repita esta frase 3 vezes. Quando terminar a oração pegue o copo, tire a turmalina e jogue a água em um ralo da casa, sopre as velas com os dedos e mantenha-as para repetir esse feitiço até se recuperar totalmente. A turmalina pode ser usada como um encanto para a saúde.

Rituais para o Mês de março

Pimenta para atrair dinheiro.

Necessidade:

- 7 Pimenta

- 7 folhas de arruda.

- 7 grãos de sal grosso

- 1 saco pequeno de pano vermelho.

- 1 fita vermelha

- 1 citrino quartzo

Insira todos os ingredientes no bageie. Feche-o com a fita vermelha e deixe-o exposto durante a noite à luz da Lua Cheia. Em seguida, durma nove dias com ele debaixo do travesseiro. Você deve carregá-lo com você em um lugar invisível em seu corpo.

Ritual com Óleo por Amor

Necessidade:

- Óleo de amêndoa
- 7 gotas de óleo de limão
- 7 folhas de manjericão
- 7 sementes de maçã
- 7 sementes de tangerina
- 1 pequeno botão de cristal escuro

Você deve misturar todos os óleos em um prato de vidro com uma colher de pau. Em seguida, adicione as folhas de manjericão e as sementes de tangerina e maçã esmagadas. Deixe a mistura descansar do lado de fora para uma noite de Lua Cheia. No dia seguinte, coe a preparação e despeje-a em um frasco de vidro escuro com tampa. É para uso pessoal.

Feitiço para melhorar a saúde

Você deve obter uma vela branca, uma vela verde e uma vela amarela.

Você vai consagrá-los (da base ao pavio) com essência de pinho e colocá-los em uma mesa com uma toalha de mesa azul-clara, na forma de um triângulo.

No centro, você vai colocar um pequeno recipiente de vidro com álcool e uma pequena ametista.

Na base do recipiente, um papel com o nome da pessoa doente ou uma foto com seu nome completo no verso e data de nascimento.
Acenda as três velas e deixe-as acesas até que sejam completamente consumidas. Ao realizar este ritual, visualize a pessoa completamente saudável.

Rituais para o Mês de abril

Banho para boa sorte.

Necessidade:

- Caçarola de metal - 3 limões esmagados
- 1 colher de sopa de açúcar mascavado
- Água da Lua Cheia

Misture os ingredientes e ferva-os por 10 minutos. Em seguida, despeje essa mistura em água quente em uma banheira e tome um banho por pelo menos 15 minutos. Você também pode enxaguar com ele se você não tiver uma banheira.

Ritual para ganhar dinheiro.

Corte um limão ao meio e aperte as duas metades, deixando apenas as duas tampas. Você não precisa de suco de limão, você pode dar-lhe outro uso. Insira três moedas comuns dentro de uma das metades, feche-as e, com um pedaço de fita de ouro, enrole-as. Enterre-o em um vaso com uma planta de loteria. Cuide da planta com muito amor. Deixe as velas queimarem completamente e guarde as moedas na sua carteira, essas três moedas você não pode gastar. Quando o louro e o alecrim secam as queimaduras e você passa a fumaça desse incenso pela sua casa ou empresa.

Ritual para eu só te amar

Este ritual é mais eficaz se você o realizar durante a fase da Lua Crescente Giboso e em uma sexta-feira no Tempo da Terra de Vênus.

Necessidade:
- 1 colher de sopa de mel
- 1 Pentáculo #5 de Vênus.
- 1 caneta com tinta vermelha
- 1 vela branca
- 1 agulha de costura nova

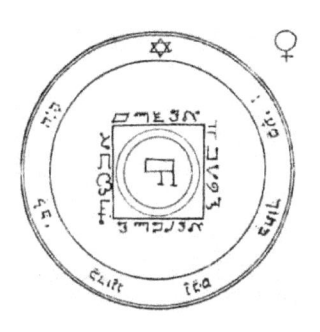

Pentáculo #5 de Vênus.

Você deve escrever no verso do pentáculo de Vênus em tinta vermelha o nome completo da pessoa que você ama e como você quer que ela se comporte com você, você deve ser específico. Em seguida, mergulhe-o no mel e enrole-o na vela para que grude. Você o prende com a agulha de costura. Quando a vela estiver queimada, enterre os restos mortais e repita em voz alta: "O amor de (nome) pertence somente a mim".

Feitiço contra a depressão

Deve pegar num figo com a mão direita e colocá-lo no lado esquerdo da boca sem o mastigar ou engolir. Em seguida, você pega uma uva com a mão esquerda e a coloca no lado direito da boca sem mastigá-la.

Quando você já tem as duas frutas na boca, você as morde ao mesmo tempo e as engole, a frutose que elas emanam lhe dará energia e alegria.

Afrodisíaco africano

Você deve mergulhar seis vagens de sementes de baunilha em tequila por duas semanas em uma garrafa hermética.

Agite-o várias vezes ao dia e, quando precisar, beba entre dez e quinze gotas para estimular o seu desejo sexual.

Hortelã

A hortelã é uma planta aromática e medicinal. É popular por seus benefícios, e para uma variedade de usos.

A hortelã-pimenta fornece ao seu corpo proteínas, potássio, magnésio, cálcio, fósforo, vitamina C, ferro e vitamina A. Além disso, é usado no tratamento da asma, para melhorar a digestão, nos cuidados com a pele, para náuseas e dores de cabeça.

Esta planta contém ácido ascórbico, que facilita a expulsão de muco, e atua como um antitússico natural.

As suas propriedades mágicas são aceites desde a antiguidade. Sua fama vem da Grécia e Roma antigas, onde estava relacionado aos deuses da cura e prosperidade. Diziam que carregar hortelã em talismãs, ou queimá-la como incenso, atraía fortuna.

Hortelã-pimenta na Idade Média era usado em feitiços de amor, porque acreditava-se que despertava paixão e fortalecia laços românticos.

Esta planta possui propriedades protetoras e é usada para criar um escudo mágico contra o mau-olhado ou feitiçaria. É usado para afastar energias negativas, e aumentar a capacidade de concentração.

Alecrim

Alecrim é usado para tratar vertigens e epilepsia. O stress e algumas doenças crónicas também podem ser tratados com alecrim. É muito útil para acalmar a ansiedade, depressão e insônia.

O alecrim tem propriedades antissépticas, antibacterianas e antifúngicas que ajudam a melhorar o sistema imunitário. Ajuda a melhorar, e é usado para tratar enxaquecas e outros tipos de dores de cabeça.

O alecrim quando você a queima emite poderosas vibrações purificadoras, e é por isso que é usado para limpar e se livrar de energias negativas.

Quando o coloca debaixo da almofada, garante-lhe sonhos sem pesadelos. Nos banhos espirituais purifica.

O alecrim é usado no incenso do amor e dos desejos sexuais.

Alho

O alho tem propriedades esotéricas e medicinais. Serve como expetorante, antiespasmódico, antisséptico e antimicrobiano.

O alho é um poderoso encanto para a abundância. Vários dentes de alho, presos com uma fita vermelha, devem ser colocados atrás da porta da frente da sua casa para criar um escudo contra a escassez.

Da mesma forma que o sal atua como protetor ou o vinagre como bloqueador, o alho demonstrou ser o neutralizador e purificador mais eficiente para as más energias. Os antigos mágicos recomendavam-no em quase todas as suas fórmulas.

O alho é considerado um símbolo de prosperidade e como amuleto tem a capacidade de atrair dinheiro.

Desde os tempos antigos, tem sido usado para afastar demônios, espíritos e vampiros míticos.

É aconselhável tomar um banho com dentes de alho cozidos e coados. Esta água é aplicada na cabeça e afasta estados depressivos.

Rituais para o Mês de maio

Ritual para atrair dinheiro instantaneamente.

Necessidade:

- 5 ramos de canela

- 1 casca de laranja seca

- 1 litro de água benta

- 1 Vela Verde

Coloque a canela, a casca de laranja e o litro de água a ferver, depois deixe a mistura repousar até arrefecer. Deite o líquido num pulverizador. Acenda a vela na parte norte da sala da sua casa e pulverize todos os cômodos enquanto repete: "Anjo da Abundância, invoco sua presença nesta casa para que nada falte e tenhamos sempre mais do que precisamos". Quando terminar, agradeça três vezes e deixe a vela acesa. Você pode fazê-lo em um domingo ou quinta-feira na hora do planeta Vênus ou Júpiter.

Feitiço para atrair sua alma gêmea

Necessidade:

- Folhas de alecrim

- Folhas de salsa

- Folhas de manjericão

- Caçarola metálica

- 1 vela vermelha em forma de coração

- Óleo essencial de canela

- 1 coração desenhado num papel vermelho

-Álcool

- Óleo de lavanda

Você deve primeiro consagrar a vela com óleo de canela, depois acendê-la e colocá-la ao lado da caçarola de metal. Misture todas as plantas na caçarola. Você escreve no coração de papel todas as características da pessoa que você quer em sua vida, você escreve os detalhes. Adicione cinco gotas do óleo de lavanda ao papel e coloque-o dentro do prato de caçarola. Pulverize-o com o álcool e ateie fogo. Todos os restos devem estar espalhados à beira-mar, enquanto você se concentra e pede para que essa pessoa entre em sua vida.

Ritual para a Saúde

Necessidade:

6 folhas de alecrim

6 folhas de lavanda

6 pétalas de rosas brancas

6 folhas de hortelã

1 paló de canela

Ferva todos os ingredientes e deixe-os descansar durante a noite, se possível à luz da Lua Cheia.

No dia seguinte banhe-se com a mistura, não se seque com a toalha, deixe o seu corpo absorver essas energias.

Rituais para o Mês de junho

Ritual para atrair mais dinheiro.

Necessidade:

- 3 colheres de sopa de chá

- 3 colheres de sopa de tomilho

- 1 pitada de noz-moscada

- 3 carvões

- 1 caçarola de metal com pegas

- 1 cofre chiquito

Coloque as brasas no prato de caçarola, ligue-as e adicione os outros ingredientes. Quando o fogo se apagar, arrume os restos na pequena caixa e guarde-os no seu quarto durante onze dias. Em seguida, enterre-o em um vaso ou no seu quintal. Você deve começar este ritual em uma quinta-feira.

Ritual para consolidar o amor

Este feitiço é mais eficaz na fase de Lua Cheia.

Necessidade:

- 1 caixa de madeira

-Fotografias

-Mel

- Pétalas de rosa vermelhas

- 1 quartzo de ametista

- Paló de canela

Você deve tirar as fotografias, escrever os nomes completos e datas de nascimento, colocá-los dentro da caixa para que eles estejam de frente um para o outro. Adicione o mel, as pétalas de rosa, a ametista e a canela. Você coloca a caixa debaixo da cama por treze dias. Após este tempo, extraia a ametista da caixa, lave-a com água da lua. Você deve mantê-lo com você como um amuleto para atrair o amor que você deseja. O resto você deve levar para um rio ou uma floresta.

Banho protetor antes de uma operação cirúrgica

Elementos necessários.

- Sino roxo

- Água de Coco

-Casca

- Colónia 1800

- Sempre Vivo

- Folhas de hortelã

- Folhas de arruda

- Folhas de alecrim

 - Vela Branca

- Óleo de Lavanda

Este banho é mais eficaz se o fizer numa quinta-feira à hora da Lua ou de Marte.

Ferva todas as plantas na água de coco, quando esfriar coe e adicione a casca, colônia, óleo de lavanda e acenda a vela na parte oeste do seu banheiro.

Deite a mistura na água do banho. Se você não tem uma banheira, você joga em si mesmo e não se seca.

Rituais para o mês de julho

Limpando o negócio para a prosperidade.

Necessidade:

- Folhas de manjericão

- 7 dentes de alho

- Folhas de alecrim

- Folhas de sálvia

- 7 folhas de arruda

- 7 folhas de hortelã

-Orégãos

- 7 folhas de salsa

- Sal marinho

- 10 litros de água benta ou água da Lua Cheia

Cozinhe todos os ingredientes por um período de uma hora. Quando estiver frio, coe e distribua sete colheres de sopa desse líquido para os cantos internos e externos do seu negócio por nove dias seguidos. Você deve sempre começar este ritual na época do planeta Vênus ou Júpiter.

Edulcoração cigano

Você pega uma vela vermelha e a consagra com óleo de girassol. Você escreve o nome completo da pessoa que deseja manter. Em seguida, cubra com açúcar mascavo. Quando a vela tiver bastante açúcar ligado, corte a ponta e acenda por baixo, ou seja, o contrário. Ao acender a vela, você repete em sua mente: "Ao acender esta vela, estou acendendo a paixão de (você diz o nome da pessoa) para que nosso relacionamento seja mais doce do que o açúcar." Quando a vela queimar, você deve enterrá-la, mas antes de fechar o buraco, polvilhe um pouco de canela.

Banho para uma boa saúde

Necessidade:

pau de canela

8 folhas de manjericão

9 folhas de alecrim

9 folhas de tomilho

Ferva todos os ingredientes, depois coloque-o à luz da Lua Cheia. No dia seguinte, banha-se nesta mistura. Não se seque com a toalha.

Rituais para o Mês de agosto

Ritual pelo Dinheiro

Necessidade:

-Jogos

- Incenso de sândalo

- 1 vela de prata, em forma de pirâmide.

Acenda o incenso e espalhe a fumaça para todos os cantos da sua casa. Deixe o incenso aceso e acenda a vela de prata. Concentre-se no seu pedido por um tempo até visualizá-lo. Repita a seguinte frase, três vezes: "Lua Nova, dá-me força para enfrentar os meus problemas económicos, tu és o meu guia para encontrar prosperidade e dinheiro. Recebo sua poderosa energia com gratidão." Então você tem que deixar a vela, e o incenso, queimar completamente. Você pode descartar os restos no lixo.

Feitiço para se transformar em um ímã

Para ter uma aura magnética e atrair mulheres, ou homens, você deve fazer um saco amarelo contendo o coração de uma pomba branca e os olhos de um Jicotea em pó. Este saco deve ser transportado no bolso direito se for homem. As mulheres vão usar essa mesma bolsa, mas dentro do sutiã do lado esquerdo.

Casa de banho para a saúde

Necessidade:

Água do rio

Água do mar.

Águas pluviais.

Arruda

Misture as três águas com a arruda e ferva. Quando arrefecer, coloque-o num recipiente e banhe-se durante três dias consecutivos com a mistura.

Não se seque com a toalha.

Bambu

O bambu é uma planta com grande significado espiritual, e tem grande valor, não só pelos seus usos práticos, mas também pelo seu simbolismo espiritual. Está ligada à resiliência e à humildade.

O bambu, na cultura japonesa, simboliza a vida e a morte, uma vez que esta planta floresce, e gera sementes apenas uma vez na vida.

O bambu é usado contra o mau-olhado. Registe o seu

desejos em um pedaço de bambu e enterrá-lo em um lugar isolado, eles serão cumpridos imediatamente.

Na medicina tradicional chinesa, o bambu é usado para problemas dos ossos, articulações e pele. Dos nós do caule do bambu, extrai-se uma substância chamada "bamboosil", que é um elemento essencial para o bom funcionamento do nosso tecido ósseo e pele.

Abóbora

Os antigos egípcios consideravam a abóbora um símbolo de boa sorte, os gregos afirmam que as abóboras são um símbolo de fertilidade e solvência económica.

Na Idade Média, as abóboras eram consideradas símbolos de prosperidade.

As abóboras estão definitivamente ligadas à prosperidade, e também são consideradas símbolos de regeneração. É muito comum no Oriente comer sementes de abóbora em rituais de transformação espiritual no dia do equinócio da primavera.

A abóbora ajuda a combater doenças crónicas. As abóboras são ricas em alfa caroteno, betacaroteno e beta-cripto xantina, que neutralizam os radicais livres e previnem danos às nossas células.

O betacaroteno fornece ao organismo a vitamina A de que necessitamos, e está provado que a vitamina A e o betacaroteno ajudam a prevenir o risco de cataratas. A abóbora é rica em vitamina C, que aumenta os glóbulos brancos no organismo.

Eucalipto

O eucalipto tem muitos benefícios espirituais. É considerada uma maneira natural de ajudar a abrir o caminho quando estamos lutando.

O seu aroma, refrescante e relaxante, oferece paz interior e ajuda a afastar energias negativas. O cheiro de eucalipto estimula a concentração e nos ajuda a nos conectar com nosso eu interior.

Esta planta alivia infeções e doenças respiratórias, desinfeta o ambiente contra processos virais, reduz a inflamação na pele, previne o ressecamento da pele e desinfeta feridas.

É balsâmico e expetorante, pois estimula as células secretoras da mucosa brônquica.

Se ferver folhas de eucalipto e pulverizar a sua casa, estará a transmutar as energias à sua volta.

Salsa

A salsa está relacionada à boa sorte, proteção, saúde e rituais para atrair dinheiro.

As propriedades esotéricas da salsa são conhecidas desde os tempos antigos. Homero em sua obra "Odisseia" mencionou Salsa.

Os gregos consideravam a salsa uma planta sagrada, e a plantavam como condimento e como planta de boa sorte. Carlos Magno mandou plantá-la nos jardins do seu palácio no século IX, tornando-se uma moda na época.

Os gregos e romanos colocavam coroas de salsa em suas sepulturas, e os gladiadores usavam-nas em batalhas porque lhes dava astúcia e força.

Louro

Desde os tempos dos gregos e romanos, o Louro tem desempenhado um papel importante no mundo esotérico e metafísico.

Reis, imperadores e nobres usavam uma coroa de louros como símbolo de honra e fortuna, uma vez que o Louro em sua civilização era uma planta divina com a qual o deus Apolo era venerado.

O Louro atrai dinheiro e prosperidade para aqueles que o possuem. Esta planta também é usada para fazer poderosos rituais de limpeza de energia.

É protetor por excelência, e é usado como um amuleto para afastar as forças negativas.

Rituais para o Mês de setembro

Atrai Abundância Material.

Necessidade:
- 1 moeda de ouro ou um objeto de ouro, sem pedras.
- 1 moeda de cobre
- 1 moeda de prata

Durante uma noite de Lua Crescente com as moedas nas mãos, dirija-se a um lugar onde os raios da lua as iluminam. Com as mãos para cima, você repetirá: "Luna, me ajude para que minha fortuna sempre cresça e a prosperidade esteja sempre comigo". Faça as moedas tocarem dentro de suas mãos. Então você vai mantê-los em sua carteira. Pode repetir este ritual todos os meses.

Feitiço de Amor com Manjericão e Coral Vermelho

Necessidade:
- 1 Vaso com uma planta que tem flores amarelas
- 1 Coral Vermelho
- Folhas de manjericão
- 1 folha de papel amarelo
- 1 fio vermelho
- Canela em pó

Você escreve no papel o seu nome e o nome da pessoa que ama. Dobrá-lo em quatro partes e envolvê-lo com as folhas de manjericão. Você amarra com o fio vermelho. Você enterra no vaso e coloca o coral vermelho em cima. Antes de fechar o buraco, polvilhe a canela. Todo dia de Lua Nova você derrama água de mel sobre ele.

Ritual para a Saúde

Necessidade:
-1 colher de sopa de mel
-1 colher de sopa de vinagre de maçã ou branco

Durante a Lua Crescente, antes de partir para o trabalho, e na altura do planeta Júpiter ou Vénus, lave as mãos como é habitual. Em seguida, lave-os com vinagre, despeje mel sobre eles e enxague-os novamente, mas não os seque, enquanto faz este ritual repita em sua mente: "A saúde virá e ficará comigo". Depois, aplaude, energicamente.

Rituais para o Mês de outubro

Ritual para garantir a prosperidade

Necessidade:

- 1 Mesa redonda
- 1 Pano amarelo
- 3 velas douradas
- 3 velas azuis
-Trigo
-Arroz

Em um lugar isolado e tranquilo em sua casa, você colocará uma mesa-redonda, que você limpará com vinagre.
Coloque o pano amarelo sobre ele. Acenda as 3 velas douradas em forma de triângulo começando com a vela na ponta no sentido horário. No meio jogue um punhado de trigo e, enquanto o faz, visualize toda a prosperidade que o seu novo negócio lhe trará.

Na segunda noite você coloca as 3 velas azuis ao lado das velas douradas, acenda-as e onde estiver o trigo, adicione um punhado de arroz. Foque a sua mente no seu sucesso. Quando as velas são queimadas, você envolve tudo no pano amarelo e enterra.

Feitiço para Subjugar no Amor

Necessidade:
- 1 garrafa de vidro escuro com tampa
- Unhas da pessoa a ser dominada
- Folhas de arruda
-Canela
- 3 fitas pretas
- 1 íman

Você deve colocar suas unhas, o ímã, as folhas de arruda e a canela dentro da garrafa. Tampe o frasco e envolva-o com as fitas pretas. Você o enterra e quando você sela o buraco você deve urinar nele.

Banho com Salsa para a Saúde.

Você deve obter folhas de salsa, hortelã. Canela e mel. Coloque as plantas num tacho e deixe cozinhar durante três minutos, sem ferver.

Adicione o mel e a canela e, em seguida, coe. Tome banho como costuma fazer, no final do banho, você despeja a água que preparou no seu corpo, do pescoço para baixo, enquanto pensa positivamente em atrair muita saúde para o seu corpo.

Limpeza Energética com um Ovo

Existem várias opções para este procedimento. Necessidade:

- 1 ovo fresco, de preferência branco.
- 2 copos de vidro com água, um normal e um mais largo.
- 1 recipiente de cerâmica ou vidro.
- Sal marinho
- 1 vela branca
- 1 incenso
- 1 amuleto, talismã ou quartzo protetor.

Você pega um recipiente de vidro separado, coloca água e adiciona 9 colheres de chá de sal marinho. Deixe os ovos que vai usar no seu interior durante 5 minutos e, entretanto, pegue no copo mais largo e encha-o com água. Esse copo é onde você vai quebrar o ovo, na hora certa.

Acenda a vela branca, e o incenso, junto ao copo de tamanho normal, que também tem de encher com água, e adicione 3 colheres de chá de sal marinho, para que recolha as energias negativas que possam resultar da limpeza.

Você coloca quartzo protetor, amuleto, abrigo ou qualquer outra coisa que você usa para proteção mágica e energética.
Quando você está acendendo a vela e o incenso, você pede a ajuda e proteção de seus mestres espirituais, guias, anjos, antepassados protetores, deuses ou santos de sua devoção.
Então você pega o ovo, e passa-o por todo o corpo e seu contorno fazendo círculos e repetindo:

"Assim como esse ovo passa pelo meu corpo, ele é limpo de más energias, mau-olhado, inveja e magia negra. Que todo o mal que estou arrastando passe do meu corpo para este ovo, e que minha aura esteja livre de toda sujeira e malignidade, obstáculos ou doenças, e que o ovo colete tudo o que é ruim."
Deve acentuar os passes de limpeza em áreas específicas do corpo como a cabeça, testa, peito, mãos, estômago, acima dos genitais, pés, nuca, zona cervical e costas.
Em seguida, você quebra o ovo no copo que preparou para isso e tenta fazer uma leitura das formações que ocorrem na água. Você deve fazer isso depois de alguns minutos.

No que diz respeito à interpretação, o básico é que a gema geralmente vai para o fundo do copo quando quebramos o ovo. Se ficar no meio, ou subir, é um sinal negativo.

Uma gema sangrenta indica más energias persistentes, mau-olhado, trabalhos de magia negra ou exes. O ovo também pode ser acompanhado por formações de vários picos ascendentes e bolhas.
Se surgirem bolhas ao redor da gema em direção ao topo, há inveja e negatividade ao seu redor, que o impedem de seguir em frente. Isso pode estar causando desconforto físico, fadiga e falta de energia.

Se a gema parece cozida, e o branco é muito branco, é provável que existam poderosas energias negativas à espreita ao seu redor, possíveis obras contra você para fechar seus caminhos, causar infortúnio em sua casa e afundar sua vida. Nesse caso específico, envio imediatamente a pessoa ao médico para um check-up geral.

Rituais para o mês de novembro

adoçante para atrair dinheiro rápido.

Necessidade:

- 1 nota com curso legal, independentemente do seu valor.
- 1 recipiente feito de cobre.
- 8 moedas de ouro com curso legal ou moedas chinesas.
- 1 raminho de manjericão seco
- Grãos de arroz.
- 1 saco dourado
- 1 fita amarela
- 1 giz branco
- Sal grosso
- 9 velas douradas.
- 9 velas verdes

Você desenha um círculo com o giz branco, de preferência no pátio (se você não tiver essa

possibilidade, faça-o no chão de uma sala com janelas, para que elas possam ficar abertas).
Quando passar a meia-noite, você deve colocar o recipiente de cobre no meio do círculo, dobrar o bico em quatro partes iguais e colocá-lo dentro do recipiente de cobre.
Neste recipiente você também deve colocar o manjericão seco, arroz, bageie, fita amarela e oito moedas. Ao redor do recipiente, dentro do círculo, você colocará as nove velas verdes. Fora do círculo você coloca as nove velas douradas.

Com o sal marinho você fará um terceiro círculo fora das duas fileiras de velas. Então você acende as velas verdes, no sentido horário, enquanto repete em voz alta o seguinte encantamento: "Peço ao Sol que me encha de ouro, peço à Lua que me encha de prata e ao grande planeta Júpiter que me inunde de riquezas".

Quando terminar a convocação, comece a acender as velas douradas, mas desta vez no sentido anti-horário, e repita a oração anterior.

Quando as velas tiverem queimado, varra todos os resíduos em direção à porta de saída, colete-os e coloque-os num saco de nylon. Este saco deve ser deitado fora numa encruzilhada.
O arroz, o manjericão e as sete moedas de ouro são colocados dentro do saco e amarrados com a fita.

Este servirá como um amuleto. A fatura deve ser guardada na sua bolsa ou carteira.

Ritual para a União de Duas Pessoas

Necessidade:
- 1 mudança de roupa interior de cada pessoa (usada)
- 1 íman
- Paló Santo
- 8 folhas de arruda
- 2 ovos de pombo
- Água sagrada
- 2 penas de pombo branco
- 1 caixa de madeira de tamanho médio.
- 2 bonecas pequenas de pano (femininas e masculinas)

Você escreve os nomes correspondentes nos bonecos de pano. Coloque as duas mudas de roupa dentro da caixa e as bonecas por cima em forma de cruz.
Você coloca o ímã no centro desta cruz. Em cima você coloca as folhas de arruda, as duas penas e fecha a caixa. Você salpica com a água sagrada e a fumaça do Paló Santo passa por ela. Você o enterra ao pé de uma árvore ceiva.

Limpeza de Energia Xamânica

As limpezas energéticas xamânicas usam elementos indígenas, como penas, fumaça de plantas ou resinas. O uso de sons como batuques, maracas, chocalhos também ajudam desbloqueando campos de energia. Estas limpezas são simples, a pessoa geralmente está em pé, ou sentada, embora possa ser feita em qualquer posição. Pode ser feito em crianças, animais, objetos e espaços.

Necessidade:
- 6 folhas de alecrim
- 6 folhas de lavanda
- 6 pétalas de rosas brancas
- 6 folhas de hortelã
- 1 paló de canela

Você ferve todos os ingredientes e deixa-os descansar por uma noite inteira, se possível à luz da Lua Cheia. No dia seguinte banhe-se com a mistura, não se seque com a toalha, deixe o seu corpo absorver essas energias.

Rituais para o Mês de dezembro

Ritual do Fluxo de Caixa

Necessidade:
- 2 moedas de prata de qualquer denominação
- 1 recipiente de vidro transparente
- Água Sagrada
 - Sal marinho
- Leite fresco
- Pedra de ametista

Adicione a água benta e o sal marinho à tigela. Coloque as moedas na água e repita em sua mente: "Você se purifica e purifica, você me faz próspero". Dois dias depois, você tira as moedas da água, vai para o jardim, cava um buraco e enterra as moedas e a ametista. Se você não tem um jardim, enterre-os em algum lugar onde haja terra. Quando tiver enterrado as moedas, antes de fechar o buraco, deite o leite fresco sobre ele. Pense na quantidade de dinheiro que você quer receber. Depois de ter manifestado os seus desejos, pode tapar o buraco. Tente escondê-lo da melhor forma possível para que ninguém cave lá novamente. Às seis semanas, desenterre as moedas e a ametista, tenha-as sempre consigo como amuletos.

Feitiço para separar e atrair

Necessidade:

-Amónia

- Vinho tinto

- Mel de abelha

- Bálsamo tranquilo.

- Vidro de vidro

- Vidro cristal.

Para separar, você deve colocar o nome da pessoa que deseja remover dentro de um copo com amônia. Você segura este copo de vidro no alto até secar.

Para se juntar a você, coloque vinho tinto, mel, bálsamo calmo e um pedaço de papel com seu nome completo escrito em cima e o nome da outra pessoa em cima. Você deixa este copo por cinco noites em frente a uma vela amarela. Quando esse tempo passar, jogue todos os restos em um rio.

Feitiço para aumentar sua saúde

Necessidade:

- 3 velas brancas

- 2 velas laranja

- 4 laranjas (frutas)

- 1 agulha de costura nova

-Jogos

Comece este feitiço em um domingo no Tempo de sol. Você pega uma vela branca e, com a agulha, escreve seu nome nela. Você corta a laranja, come um pedacinho. Acenda sua vela e repita em sua mente: "Ao comer este fruto, ingiro o poder de Rá".

Você repete este ritual da mesma maneira e ao mesmo tempo nos dois domingos seguintes. No último domingo do mês o ritual tem uma pequena diferença.

Você pega as duas velas laranjas e as segura na direção do Sol nascente enquanto repete: "Poderosa Rá, que essas velas perdurem com seu poder" Você acende as velas, e ao lado delas você coloca uma laranja completamente descascada. Você levanta a laranja e repete: "Com isso eu conecto seu poder com o meu". Você deixa as velas queimarem.

O que é um Limpeza energética?

Limpezas energéticas tem a ver com limpar o nosso campo energético e protegê-lo. Muitas vezes as nossas energias ficam poluídas porque todos, e tudo, incluindo a nossa casa e o nosso local de trabalho, correm o risco de ser vítimas das influências energéticas nocivas que são libertadas no mundo de hoje.

As deficiências psicológicas das pessoas, o mau uso das energias interiores, a magia negra que as pessoas más com poder usam de forma negligente, os ataques daqueles que estão revoltados com os nossos triunfos, o rancor e a inveja são fatores que causam vibrações energéticas negativas. Todos eles são prejudiciais não só para os seres humanos, mas também para os animais.

Se você nunca fez uma limpeza espiritual ou energética, sua energia provavelmente está contaminada por vários cordões de energia e é vital purificá-la.

Um obstáculo comum para ser capaz de eliminar energias negativas é que quase todo mundo tem um equívoco sobre o conceito de energia. No universo tudo é energia, a vida em todas as suas formas depende da energia, e a energia está envolvida em todos os processos fundamentais.

Energia é a capacidade de criar mudança e transformação. A energia pode ser externalizada como energia potencial, que é energia acumulada, ou como energia cinética, que é energia em movimento. É provável que estas duas formas de energia sejam trocadas de forma equivalente, uma pela outra. Por outras palavras, a energia potencial libertada é transformada em energia cinética e, quando armazenada, é convertida em energia potencial.

A energia não é criada nem destruída, apenas transformada. Todos os seres humanos, animais, plantas ou minerais têm a capacidade de irradiar energia, e transmiti-la, enquanto consomem a energia dos outros.

Os seres humanos trocam constantemente energia com outras pessoas, ou com o ambiente em que vivemos, ou ficamos por horas. Somos capazes de produzir energia com os nossos pensamentos e sentimentos.

Nossos pensamentos, uma vez formulados, são transformados em situações e eventos que se encaixam nesses pensamentos. Ou seja, transmutam-se numa energia que produz a nossa realidade. Todos nós construímos a nossa realidade a partir das nossas crenças. Estas crenças moldam as nossas formas futuras de pensar.

Somos torres que recebem e transmitem pensamentos, e como uma antena de receção de rádio ou televisão, captamos o que estamos sintonizados.

Os tipos de energias, positivas ou negativas, que irradiamos, ou absorvemos, caracterizam-nas num momento preciso. Ou seja, as energias que se manifestam têm potencial para serem transformadas. Uma energia positiva pode ser transformada em negativa, assim como uma energia negativa pode se tornar positiva.

Às vezes, pessoas com vibrações energéticas baixas podem experimentar bloqueios de energia. Existem diferentes tipos de bloqueios, alguns são visíveis, ou seja, são fáceis de encontrar. Outros são muito fortes e podem danificar sua vida e arrastá-lo para a escuridão.

Tipos de bloqueios de energia

Bloco Áurico

Bloqueios áuricos ocorrem na aura das pessoas devido à distorção de energias. Estes bloqueios surgem devido à energia ficar presa.

Outra causa comum é devido a energias negativas externas que penetram na aura. Exemplos incluem impressões digitais etéricas, implantes e cordões de energia que são produtos de magia negra, ou magia vermelha.

Quando há um bloqueio na aura, os sintomas podem aparecer relacionados à energia que causou o bloqueio, ou ao local onde ele está localizado.

Bloqueio de Chakra

Os chakras fazem parte do seu campo de energia. A energia flui através de seus corpos de energia e para o seu corpo físico através dos chakras. Existem sete chakras fundamentais no sistema energético. Cada um tem manifestações diferentes para mostrar um bloqueio energético.

Chakra raiz, está localizado na base da coluna vertebral e está relacionado com a sobrevivência. **Chakra sacral**, localizado na parte inferior do abdômen. Está ligada às emoções e ao amor físico. **Chakra do Plexo Solar**, localizado no abdômen e associado ao poder pessoal, disciplina e autocontrole. **Chakra cardíaco,** localizado no centro do peito. Está relacionado com o amor. Está relacionado com alegria, paz, esperança e boa sorte. **Chakra da garganta**, localizado na área do pescoço. Está associada à comunicação e à criatividade. **Chakra do Terceiro Olho**, localizado acima dos olhos, entre as sobrancelhas. Está relacionado com clarividência, intuição, imaginação e perceção. **Chakra da Coroa**, localizado na cabeça. Está relacionado com o conhecimento e a transformação espiritual. Ele conecta os corpos físico, emocional, mental e espiritual.

Quando há um bloqueio em um dos chakras, ele afeta todo o sistema de chakra, prejudicando sua saúde física e mental. Um chakra bloqueado interrompe a atividade de todo o seu sistema de energia, pois limita sua capacidade de transmitir e atrair energia.

Bloqueio emocional

O bloqueio emocional é um dos mais complicados, pois ocorre em vários corpos energéticos simultaneamente. Localiza-se principalmente na camada emocional do campo áurico.

Quando um bloqueio é gerado no corpo emocional, os chakras são subitamente afetados, principalmente o chakra sacral e os meridianos. As camadas áuricas conectam-se umas às outras, o que significa que a energia tem que passar por uma camada para chegar às outras. Se uma camada é bloqueada, a energia não pode circular para todos os pontos centrais do corpo.

Bloqueio Mental

O bloqueio mental acontece no corpo mental, uma das sete camadas áuricas. Todos os bloqueios na camada mental afetam sua mente subconsciente.

O subconsciente é responsável por 90% dos nossos pensamentos diários, mas regularmente não tem consciência de que está gerando esses pensamentos. Por essa razão, é muito fácil que um bloqueio mental se origine e você não sabe disso. Um bloqueio na camada mental induz um bloqueio na camada emocional. O caso típico de quando há padrões de pensamento negativos.

Bloqueando os meridianos

Os meridianos são como pequenos fios que transportam a energia das camadas de energia na camada física. Cada meridiano tem características específicas. Quando há um bloqueio dos meridianos, todo o seu campo de energia é afetado. Muitas vezes as emoções causam bloqueios nos meridianos, ou seja, a energia emocional permanece estagnada no meridiano.

Bloco de Espírito

O bloqueio espiritual pode ocorrer em vários lugares, mesmo simultaneamente. O corpo espiritual é o mais vulnerável a energias ruins, e é propenso a absorver diferentes tipos de energias escuras.

Essas energias vibracionais baixas incluem ataques psíquicos, impressões energéticas, larvas e implantes. Quando esse tipo de bloqueio ocorre, ocorre uma rutura áurica, e é quando a pessoa tem mais probabilidade de ficar doente porque não tem proteção.

Bloqueio nas relações

Os bloqueios psíquicos acontecem por causa de suas relações pessoais. Este é um dos bloqueios mais difíceis de diagnosticar e curar, pois geralmente se manifesta em diferentes pontos dentro do nosso sistema energético. Os bloqueios nos relacionamentos são geralmente encontrados nos corpos de energia emocional e mental.

Bloqueio de vidas passadas

O bloqueio da vida passada aconteceu em outra vida, mas afeta sua realidade atual. Esse bloqueio vem de ações passadas e inclui contratos de alma, cordões de energia familiares, memórias ou maldições geracionais.

Existem diferentes sinais que permitem que você saiba quando você tem, ou está desenvolvendo algum tipo de bloqueio, e seu fluxo de energia está sendo interrompido. Entre eles encontramos: padrões de pensamento negativos, tendências autodestrutivas, stress, ansiedade, falta de energia, sensação de tontura, sensação de preso, sentimentos e comportamentos erráticos, perda de decisão, motivação e direção.

Ataques de energia

Os ataques energéticos são muito prejudiciais, pois geralmente deixam uma marca energética permanente infiltrada em nossa aura. As causas comuns incluem magia negra, magia vermelha, magia azul, maldições e inveja. Estes tipos de ataques têm uma vibração de baixa frequência e, como são energias tão escuras, podem causar danos à nossa saúde.

Na maioria das vezes, os ataques energéticos são causados por energias manipuladas por outra pessoa, entidade ou espírito. Este é o caso quando você é enviado bruxaria, ou seja, você é uma vítima de magia negra.

Um ataque de energia também ocorre quando você se rodeia de vampiros de energia. Esses são um tipo de pessoas que se alimentam de sua energia absorvendo sua alegria, tranquilidade e humor, e podem fazer parte do seu ambiente.

Existem vampiros de energia, que roubam a energia dos outros sem querer. Esses também estão na categoria de Ataque Psíquico. São pessoas que nunca aprenderam a gerir corretamente a sua própria energia e, por isso, tendem a aproveitar a dos outros para cobrir as suas reservas energéticas.

No início, eles são fracos, até que lentamente aprendem a se nutrir dos outros, e a partir desse momento o padrão se inverte, com eles sendo os mais enérgicos, e nós somos os outros fracos.

As pessoas que são vampiros de energia geralmente se aproximam de nós para nos contar sobre seus problemas continuamente, eles adoram desempenhar o papel de vítimas, procurando nos fazer sentir pena deles. Há também outros que o atropelam impiedosamente.

Na maioria das vezes estamos conscientes da maneira como nos sentimos quando interagimos com vampiros de energia, mas por rotina, educação ou tato, deixamos que eles nos assaltem emocionalmente e drenem nossa energia.

Vampiros de energia existem, eles são uma realidade. Podem não ser noturnos, podem não usar uma capa preta e podem não ostentar um sorriso afiado, mas estão lá, à nossa volta, alimentando-se da energia dos outros.

Talvez estejam no seu ambiente de trabalho, no seu grupo de amigos ou entre os seus familiares. Qualquer pessoa pode ser um vampiro energético e, muito provavelmente, nem sequer tem consciência do mal que faz aos outros. Ele só vai perceber que depois de falar com você ele se sente melhor, confortado, enquanto você, por outro lado, está esgotado. A troca de energia nunca é equitativa com um deles. Ele bebe, sem pedir sua permissão.

É muito importante aprender a priorizar as nossas necessidades e respeitar o nosso tempo. A solução não é cortar a relação com as pessoas que amamos, ou apreciamos, mas aprender a manter distância quando o vampiro energético em questão nos domina.

Outra forma que os ataques psíquicos podem ocorrer é através de larvas de energia. Estas larvas alimentam-se da energia vital da pessoa e, em alguns casos, podem gerar doenças, incluindo Câncer e esquizofrenia. Há uma hipótese oculta que afirma que "infeções astrais" podem gerar doenças oncológicas. Por esta razão, alguns médicos podem não encontrar nenhuma doença específica em casos de "síndrome da fadiga".

Parasitas, ou larvas energéticas, são os chamados espíritos, fragmentos astrais, magia negra, Vodoo, magia azul, magia vermelha, energias telúricas ou cordões energéticos, que se ligaram a uma pessoa por diferentes meios.

Essas larvas energéticas vivem em um plano astral que tem uma densidade vibracional mais sutil do que a que conhecemos, por isso é chamada de astral.

Estes parasitas energéticos interagem com o nosso ambiente sem serem notados, uma vez que os nossos cinco sentidos são muito limitados. Eles só podem ser vistos ou sentidos por pessoas que têm a capacidade de clarividência, ou outro nível de consciência, mas todos eles são alimentados por energias negativas.

Dependendo do tipo de larva energética, irá despertar mais um tipo específico de sentimentos. Pode ser o caso de estarmos mais irascíveis, deprimidos, ansiosos ou zangados. Quando chegarmos a esses estados, começaremos a frequentar lugares onde esses humores triplicam.

Houve casos de pessoas que têm parasitas energéticos que, de repente, começaram a querer frequentar cemitérios, casas abandonadas ou hospitais sem razão aparente, para dar alguns exemplos.

Às vezes eles nos enviam parasitas energéticos ou espíritos para nos prejudicar. O arquétipo depende da cultura ou religião. Os mais populares são aqueles conhecidos como demônios.

Estas entidades alimentam-se do medo e provocam estados de pânico e terror para aumentar as suas energias. Todos nós somos suscetíveis a este tipo de parasitas energéticos, mas há alguns que vagam e se alojam em pessoas que têm caráter fraco.

Se uma criança é a vítima, esse parasita energético tentará ser seu amigo e brincar com ele, até que ganhe forças para começar a se mostrar. Se a vítima for adulta, essa entidade irá alimentar-se e aumentar a sua capacidade energética através de manobras complexas e elaboradas para alimentar o medo da pessoa possuída.

Quando tiver energia suficiente, começará a ser visível e começará a aparecer como sombras. Essas sombras serão evasivas no início, mas depois se tornarão desafiadoras e desenfreadas. Sombras opacas e sem rosto com feições escuras, garras, chifres ou outras figuras relacionadas a demônios.

Quando esse parasita tem força e energia suficientes, ele tentará provar seu poder e influência sobre sua vítima, iniciando o controle da mente até assumir o controle total sobre o corpo da vítima escolhida, o que geralmente chamamos de possessão.

As pessoas falecidas perto de nós podem tornar-se larvas de energia, embora quando roubam energia não o façam conscientemente como as anteriores.

Quando as pessoas morrem, elas se apegam à sua realidade e se recusam a se separar dela, criam contextos mentais que as impedem de sair desse estado de sonho contínuo. Estas pessoas falecidas coabitam connosco e muitas vezes não se apercebem da nossa presença. Eles ignoram dentro de sua condição e nós passamos despercebidos em seu ambiente.

Isso é o que normalmente deveria acontecer, mas às vezes esses falecidos começam a perceber que existimos, e começam a interagir connosco em vão porque não estamos intuitivamente preparados para percebê-los.

Quando você começa a fazer um esforço para fazer com que sua existência seja vista e notada, você usa muita energia, que você obtém através do contato com essas pessoas que estão vivas.

Quando as pessoas falecidas percebem que podem obter essa energia, dentro do seu estado inconsciente, começam a gerar estilos parasitas e aderir a um ser vivo com tanta força, que essa pessoa começa a solmizar toda a pressão que o ser falecido coloca sobre ele. Isto pode manifestar-se sob a forma de doenças ou estados depressivos.

A única maneira de nos purificarmos dessas energias é pedir aos nossos seres de luz, ou guias espirituais, que o falecido continue em seu caminho e retorne para onde deveria estar.

Estes parasitas energéticos podem alojar-se no corpo físico, na zona da cabeça, nas partes dorsal, lombar e sacral das costas. A sua presença manifesta-se com dores nas costas, cansaço excessivo, problemas de sono, pesadelos, visão opaca, sensação de ter um peso extra nas costas, ansiedade, depressão, stress, cansaço, tentativa de suicídio e abuso de substâncias que causam dependência.

Existem também alguns fatores de risco pelos quais esses parasitas energéticos, ou larvas astrais, podem surgir quando ocorre algum imprevisto, como a morte de um familiar próximo, exposição a energias telúricas, pensamentos negativos, relacionamentos tóxicos, estresse, etc.

É aconselhável estar sempre protegido para não ser vítima destas energias de baixa vibração, e para proteger o nosso campo áurico, e rejeitar quaisquer laços energéticos.

Cabos de Energia

Na vida estamos expostos a diferentes tipos de cabos de energia que nos poluem e interferem na nossa forma de pensar e agir. Os cabos de energia são laços energéticos que temos com outras pessoas, cidades, coisas, opiniões ou vidas passadas, e também ligações que outras pessoas têm consigo.

Às vezes, alguns desses cabos de energia vêm de vidas passadas, ou do tempo entre essas vidas.

Estes cordões de energia podem afetar-nos de forma positiva ou negativa, o que depende da qualidade dessas relações. Quando uma relação entre dois membros, ou elementos, é positiva, a troca energética que ocorre é benéfica. Nos cordões energéticos das relações tóxicas, a energia que está sendo trocada é muito prejudicial, por isso afetam nossa vibração energética de forma negativa.

Do ponto de vista do campo etérico, estes cordões de energia têm a aparência de laços, através dos quais cada extremidade das partes se une e favorece essa troca de energias.

Às vezes, esses cabos de energia são tão tóxicos que é extremamente difícil se libertar ou se proteger deles. Estes tipos de cordões de energia são laços nocivos que cultivamos ao longo do tempo e o cuidado que dedicamos a fomentar relações com outras pessoas, cidades, casas, objetos, credos, dogmas, religiões e outras vidas.

Quanto mais longa a relação, mais forte é o cabo de energia e mais difícil é quebrá-lo.

Há um tipo de cordão energético que se desenvolve com pessoas com quem tivemos relações amorosas. Especificamente se a relação foi estável e por muito tempo, quando a relação termina esses cordões energéticos são poderosos e tóxicos.

Estes cordões de energia, que no passado eram uma fonte de transmissão de emoções e sentimentos positivos de amor, tornam-se canais para transferir ressentimento para com a outra pessoa.

O cordão energético é mais tóxico e estressante se a rutura foi dramática, ou houve traição. Não importa se você não se comunica com essa pessoa, esses tipos de cabos de energia permanecem ativos e, se você não os remover, eles podem absorver ou contaminar suas energias.

Quando fazemos sexo com outra pessoa, mesmo que o encontro seja breve e casual, também criamos cordões energéticos. Em todos os contactos que temos a nível íntimo ou emocional, trocamos energias. Os cabos de energia podem não ser tóxicos, mas você ainda está dando a essa pessoa acesso ao seu campo de energia e, como consequência, eles podem roubar sua energia.

Se o encontro sexual for contra a sua vontade, como acontece no abuso sexual, cria-se um cordão energético tão forte que impossibilita a cura da vítima.

Há uma grande diversidade de cordões de energia relacionais que são prejudiciais. Os fundamentais são os laços atuais com familiares, antepassados, amigos e conhecidos, parceiros e amantes, estranhos, animais de estimação, lugares, crenças e vidas passadas.

Os cordões energéticos tornam-se tóxicos quando a relação é quebrada, especificamente quando há ca dependência, manipulação, narcisismo, controle e jogos de poder.

Outras vezes, os cordões de energia tóxica não estão relacionados com pessoas com quem temos uma verdadeira amizade, mas com pessoas que parecem ser amigas e realmente são invejosas e roubam suas boas energias.

Esses são os chamados amigos que se aproximam de você com o objetivo de incomodá-lo com seus dramas, que nunca se importam com como você se sente, que estão sempre pedindo conselhos, e que exigem sua atenção e apoio dia e noite. Depois de interagir com eles, você se sente esgotado e seu espírito está no chão.

Sempre antes de eliminar esses tipos de cabos de energia, você deve honestamente se perguntar as razões pelas quais você permitiu que esse tipo de pessoa entrasse em sua vida.

Às vezes, os cordões energéticos aderem à nossa aura quando passamos por estranhos na rua, ou quando nos conectamos com os outros através das redes sociais, mesmo que nunca tenhamos tido um relacionamento físico com essas pessoas.

No entanto, os cabos de energia que se formam com estranhos são fracos e mais fáceis de quebrar.

Há também **cordões de energia em grupo** que unem duas ou mais pessoas que compartilharam experiências, como amigos, casais ou com colegas da escola.

A dinâmica dos cabos de energia de um grupo reflete a qualidade das suas relações. Além disso, cada membro do grupo, por sua vez, tem vários cabos de energia que são implantados em outros grupos muito menores dentro do cabo de energia do grupo principal.

Comumente, muitos cabos de energia de grupo são compostos por um cabo de energia principal que tem controle sobre outros indivíduos. Um exemplo seria quando um grupo se reporta a um dirigente escolar, professor ou diretor.

A estrutura dos cabos de energia do grupo é semelhante a um tecido com várias ligações. As sequências energéticas determinam o tipo de relações e a troca de energia entre os seus membros.

Os cabos de energia de grupo têm a capacidade de fornecer uma fonte extraordinária de suporte energético, se a dinâmica de grupo for inteira e saudável. No caso de a relação do grupo estar se deteriorando, ou quando vários membros têm tensões uns com os outros, isso pode afetar negativamente a energia coletiva do cordão de energia do grupo e induzir um ataque de energia interna maciço.

Juntamente com os cabos de energia que são criados entre seres humanos, existe a possibilidade de também termos cordões de energia com animais que foram nossos animais de estimação. Essas relações são tão fortes quanto as estabelecidas entre humanos, ainda mais fortes. Normalmente, essas relações não são tóxicas, mas se nos causaram algum dano físico, ou se tivemos uma dependência emocional desses animais de estimação, o cordão energético torna-se tóxico e afeta o nosso bem-estar.

Também podemos desenvolver cordões energéticos com países, capitais e casas em que residimos. Estes cordões energéticos podem ser positivos ou negativos. A qualidade do cabo de energia depende da relação que temos tido com esses locais.

Não importa o quão longe você esteja de uma cidade, ou de um país, as energias desse lugar, e os eventos negativos que você experimentou, continuarão a afetá-lo, a menos que você corte os cordões energéticos negativos.

Muitas vezes muitas pessoas têm contratos cármico que assinaram em vidas passadas, e até mesmo convênios com espíritos, que permanecem com eles nesta vida presente. Estes contratos cármico podem ser vistos na forma de ligações etéricas e nós em vários pontos em seus campos de energia.

Muitas vezes são contratos de pobreza e sofrimento devido a experiências traumáticas. Regularmente as pessoas que tinham habilidades clarividentes em outras vidas, mas sofreram retaliação por isso, tendem a negar suas habilidades intuitivas nesta vida, criando um nó etérico em seu terceiro olho.

A razão pela qual certos contratos, maldições ou traumas de vidas passadas persistem é que há uma lição que deveríamos ter aprendido em uma vida anterior e não aprendemos, que há uma lição a ser aprendida de que precisamos de mais de uma vida, ou simplesmente que não tivemos tempo para curar uma maldição, um contrato, ou um trauma, de uma vida anterior e de nos libertarmos dela no período entre uma existência e outra.

As maldições cármico geracionais assemelham-se a contratos cármico, na medida em que também foram criadas numa vida passada e continuam a afetar a vida presente. No entanto, há uma diferença: os contratos cármico são feitos por vontade própria e as maldições cármico geracionais são herdadas de outras pessoas. Essas maldições são ataques psíquicos que podem durar por muitas vidas, se não forem quebrados.

Existem cordões energéticos que nos podem ligar a antepassados que nunca conhecemos, a lugares em que nunca vivemos ou visitamos e a acontecimentos que não vivemos nesta vida atual. Existem contratos cármico ancestrais que foram herdados dos nossos antepassados sem que tivéssemos participado na sua escolha. Tais contratos ancestrais geram medos e expectativas de que os medos, ou a vontade de um ancestral, se tornem realidade.

Às vezes temos cordões energéticos que vêm de vidas passadas. Se um evento traumático de uma vida passada se torna repetitivo ao longo de muitas vidas, formam-se cordões energéticos que transcendem várias existências, criando um cordão poderoso que quebra a capacidade dessa pessoa de eliminar esse padrão traumático. Muitas vezes, todos os traumas que sofremos em nossa vida atual são pequenos pedaços de traumas de vidas passadas.

Quem viveu um evento traumático em uma ou mais vidas passadas, sem superá-lo, vive seu presente na expectativa de revivê-lo. Essas pessoas criam novas experiências em um nível subconsciente nos primeiros anos de suas vidas com a intenção de traumatizar-se e renovar suas expectativas. Normalmente, a forma mais comum de manifestação destes cordões de energia é através de medos e fobias.

Outra forma de cordão energético é aquele formado com crenças. Todas as crenças que temos, positivas ou negativas, têm um cordão energético que se desdobra do nosso ser para o esquema de pensamento universal da crença. O pensamento coletivo é um produto dos pensamentos, emoções e energias de todas as pessoas que já tiveram, ou ainda têm, uma crença específica, ou que colaboraram com ela.

Quando nossos pensamentos e emoções estão intimamente relacionados a uma crença específica de forma aguda e permanente, nos conectamos a esse padrão de pensamento coletivo, que alimenta e reforça nosso cordão energético com a crença.

Muitas vezes temos cordões de energia tóxica com vários objetos com os quais mantivemos laços emocionais, entre os quais geralmente estão cartas, livros, fotografias, pinturas, roupas, sapatos, etc.

Se a relação com as pessoas que possuem ou associam esses objetos terminou em termos ruins, o ressentimento que você, ou outras pessoas, sentem, é instantaneamente transferido para os objetos. Não basta cortar o cordão energético com os objetos, é preciso limpá-los. Mas, na melhor das hipóteses, jogue-os fora.

Todas as antiguidades familiares que são passadas de geração em geração acumulam as energias de todas as pessoas que as possuíram, ou tiveram contato com elas. Ao possuí-los, você cria cordões energéticos com essas pessoas, seus traumas e as experiências que viveram.

É saudável vender, dar ou deitar fora estes objetos, uma vez que quando quebra o vínculo físico, corta automaticamente o cordão energético que o liga a eles.

No mundo espiritual somos o conjunto de vidas que vivemos, mesmo que não tenhamos memórias dos acontecimentos, ou experiências, que vivemos.

Para a alma não há espaço nem tempo. A alma tem a capacidade de acumular todas as experiências que vivemos em todas as nossas vidas passadas. A pessoa que você é hoje é a soma de todas as suas vidas passadas.

Mau-olhado, maldições e inveja

O mau-olhado, as maldições e a inveja se enquadram na categoria dos ataques psíquicos. Todos eles acontecem quando uma pessoa lhe envia vibrações fortes onde o ingrediente principal são as energias negativas. Isso pode acontecer conscientemente, ou inconscientemente, mas devido à intensidade destes, eles são muito prejudiciais.

O mau-olhado, as maldições e a inveja são muito mais graves quando se mantém uma relação com essa pessoa, uma vez que o cordão energético que é criado permite-lhe pleno acesso à sua energia.

No entanto, também pode haver cordões energéticos entre pessoas que são desconhecidas, independentemente dos limites do tempo, porque a energia tem a capacidade de transcender o tempo e o espaço, e chegar a qualquer pessoa ou objeto com concentração e intenção.

Possessões Psíquicas

Possessões psíquicas são comuns, mas às vezes passam despercebidas. Ocorrem quando um espírito de baixa vibração, ou uma alma errante, toma conta do corpo de uma pessoa causando mudanças de comportamento e doenças. Essa entidade penetra através da aura.

Quando uma pessoa decide libertar-se desse espírito, é muito importante que escolha alguém que seja profissional. Se a pessoa que está fazendo a obra apenas se limita a expulsar o espírito, ela procurará outro corpo para se alojar.

Os sintomas da possessão psíquica são completamente diferentes dos sintomas de outros tipos de ataques energéticos. Entre eles estão apatia emocional, comportamentos destrutivos, agressividade, perda de memória, ouvir vozes e alterações físicas na pessoa possuída.

Ligações Psíquicas

As ligações psíquicas são uma forma mais leve de possessão psíquica. Nessa situação, um espírito deteriorado, uma alma errante, um objeto e até mesmo outro indivíduo, está sujeito à aura de uma pessoa, influenciando seus comportamentos e hábitos.

Isso acontece porque a pessoa tem vulnerabilidade em seu campo energético. É comum ver ligações psíquicas quando as pessoas passam por períodos de depressão, quando tomam medicamentos, ou abusam de drogas ou álcool.

Abre-se um buraco na aura para estas pessoas e isso permite que uma entidade externa mantenha a sua aura, absorva a sua energia e influencie as suas emoções e comportamentos.

Discotecas, ou lugares onde há alto consumo de drogas ou bebidas alcoólicas são sempre inundados com uma infinidade de espíritos de baixa energia e almas desorientadas, perseguindo bêbados e pessoas drogadas para manter sua aura e se alimentar com sua energia.

Almas

São almas que não fizeram a sua transição. Isso pode acontecer quando a alma se apega a um membro da família, ou tem uma dependência de alguma substância. Essas almas vagam em nosso plano terrestre tomando conta da energia de pessoas que têm os mesmos vícios, ou que são vítimas de estados de estresse, depressão ou falta emocional.

Esta forma de apego psíquico é muito comum, especialmente em jovens.

Transgressão Psíquica

A transgressão psíquica acontece quando temos fantasias sexuais sobre uma pessoa, ou quando outra pessoa fantasia sobre nós sexualmente. Tais fantasias penetram no espaço energético de uma pessoa transmitindo e criando um gancho energético que mina sua energia essencial.

Sintomas de um ataque de energia

Os ataques energéticos têm vários sintomas. Entre eles estão exaustão, insônia, pesadelos, desânimo, ansiedade, depressão e acidentes.

Mesmo que você não tenha esses sintomas, isso não significa que você tem imunidade de renda ou ataques de energia. Às vezes, eles podem não ter se manifestado, ou você está com eles há tanto tempo, que você se acostumou com eles. Todos somos vulneráveis a ataques energéticos.

Alguns hábitos, vícios e costumes tornam-no mais vulnerável a cordões e ataques energéticos, deixando-o doente ou danificando o seu campo áurico, recarregando a sua energia ou empurrando agressões de espíritos obscuros.

Sistema de Imunidade Energética

Os chakras, e o campo áurico, fazem parte do nosso sistema imunitário energético e têm uma relação proporcional com o sistema imunitário do nosso corpo.

O nosso sistema de imunidade energética controla a forma como interagimos a nível energético com outras pessoas e com o ambiente que nos rodeia, metabolizando a energia que absorvemos, com o objetivo de nos proteger de ataques energéticos ou sabotagem.

As Pirâmides e as Limpezas Energéticas

Durante séculos, as pirâmides, maias e egípcias, captaram a atenção de todo o mundo, sendo para a maioria uma simples atração turística, mas também um campo de batalha entre supostos céticos e vários investigadores. Tudo isso gera uma confusão crescente com questões parapsicológicas e místicas mal interpretadas pela desinformação predominante nesses campos.

As pirâmides podem atrair energia, aumentar a vitalidade, combater vibrações ruins, atrair prosperidade, melhorar a saúde e fortalecer a vida espiritual.

No entanto, é necessário selecionar o material certo, e a cor certa da pirâmide, para aumentar seus benefícios.

As pirâmides funcionam como um catalisador, transportando dentro delas a energia cósmica que condensa e ativa, preservando tudo o que está sujeito à sua influência.

A pirâmide de Quéops tem exatamente essas características, então as pirâmides usadas no esoterismo reproduzem suas medidas exatamente.

Algumas experiências confirmaram que a conservação das múmias tem sido o resultado, em grande parte, deste foco energético. Alguns pesquisadores conseguiram produzir mumificações autênticas com pedaços de carne que foram colocados no centro da câmara, localizada na base de uma pirâmide, como se por algum motivo mágico houvesse uma situação de vácuo total, e o próprio ar não estivesse presente na cavidade da pirâmide.

O oxigénio, com as bactérias transportadas por ele, produz decomposição e, na ausência de oxigénio e bactérias, é significativamente reduzido.

Em alguns métodos de cura, são utilizadas pirâmides que são sempre construídas respeitando o modelo original da pirâmide de Quéops, mas cujo material predominante é o cobre, devido às propriedades terapêuticas e esotéricas que possui.

Pode recorrer ao uso de pirâmides, escolhendo a pirâmide de vidro ou plástico, mas também a de metal se considerar necessário, desde que respeite as medidas, e seguindo alguns métodos básicos que são muito fáceis de entender e usar.

Tudo o que está localizado dentro, ou sob uma pirâmide, durante a fase da Lua Minguante sofre uma espécie de descarga de energia, por isso serve para acalmar e eliminar negatividades.

Nos períodos em que a Lua está no Primeiro Trimestre, o que está localizado dentro ou abaixo de uma pirâmide experimenta um vigor, portanto, aumenta as energias, e serve tanto para se aproximar, quanto para torná-la mais ativa, agressiva e carregada de força.

Materiais piramidais

Cristal: É um grande recetor de energia, e um dos mais eficazes na cura.

Cobre: Capta energias negativas e converte-as em positivas. Limpe ambientes movimentados.

Madeira: Promove meditação, relaxamento e é usada para energizar as plantas.

Ouro: Usado ao nível do coração cria uma espécie de energia positiva, atua como um escudo protetor.

Papelão ou Papelão: É uma pirâmide multiuso, é usada para curar feridas, meditar ou dormir.

Alumínio: É adequado para desenvolver a perceção extrassensorial e concentração.

Latão: Tem efeitos semelhantes aos do alumínio. Além disso, facilita a aceitação e a adaptação.

Acrílico: Tem várias aplicações no dia-a-dia, como água energiza-te, flores ou frutos.

Cera: Pode ser acesa para combater as más energias num ambiente, e atrair boa sorte.

Zodiacal: Se for feito com a pedra que representa cada signo, produz grandes benefícios.

Cores das Pirâmides

Vermelho: Está associado à fluidez, saúde e vitalidade.

Laranja: Promove ação, alegria e força física.

Amarelo: Estimula a criatividade, aumenta a memória, ajuda a evitar o medo.

Azul: Cria estados de paz, compreensão, encorajamento, intuição e pureza.

Violeta: De poder e inspiração.

Rosa: Evita o stress, induz o sono e motiva a ternura.

Branco: Cor que representa a pureza, podendo potencializar o efeito de outras tonalidades.

Castanho: Um tom de fertilidade que nos aproxima da mãe terra, e está associado à abundância e ao progresso.

Verde: Motiva o equilíbrio, o crescimento pessoal e a união com a natureza.

Recomendações importantes sobre as pirâmides

É necessário ter em conta as seguintes recomendações:

- Não deixe as pirâmides por perto, ou nos eletrodomésticos, eles já podem perder seu valor energético e curativo.

- Com a ajuda de uma bússola, localize a pirâmide com uma das suas faces viradas a norte.

- Verifique que tipo de sentimento você tem ao usar as pirâmides, especialmente em questões de saúde. Se sentir frio ou calor, isso significa que está a fazer efeito, mas se, por outro lado, tiver náuseas ou mal-estar geral, é prudente parar de fazer exercício e fazê-lo outro dia.

As pirâmides não funcionam:

- Se ele quer magoar os outros.
- Se você não fizer uma gestão correta da energia universal.
- Se você não está claro sobre o que você quer.

Como Limpar e Atrair Energias Positivas com as Pirâmides

A casa é o lugar onde vivemos, e compartilhamos o tempo com nossos entes queridos, então precisamos renovar a energia e manter longe as más vibrações.

Se você quer iniciar um processo de renovação de energia, e para manter longe as vibrações ruins em casa, é necessário primeiro fazer uma boa limpeza.

Para fazer isso, você deve fazer um incenso natural com cascas de limão, laranja ou tangerina (mas se não for possível encontrá-lo, você pode acender paus de sândalo, jasmim ou incenso rosa). Você deve queimar combinando alguns pedaços de carvão em um recipiente de argila. Comece de dentro para fora para afastar as más energias.

Da mesma forma, a aromaterapia pode ser usada enchendo um frasco de spray com água e adicionando trinta gotas de essência floral, como manjericão, lavanda e hortelã. Você deve ir a todos os espaços da casa e espalhar a mistura em cada canto, canto superior e inferior, bem como a linha entre eles.

Então, você pode colocar diferentes pirâmides, dependendo da parte da casa, para que as energias positivas fluam.

Sala de jantar: Coloque uma pirâmide verde sobre a mesa, seja de papelão ou acrílico, abaixo dela coloque uma foto da família e peças.

Sala de estar: Você pode colocar uma pirâmide branca de Selenite, ou sentar no sofá, fechar os olhos e visualizar as pessoas que podem visitar a casa. Então, imagine que você está em uma pirâmide de vidro e que todos estão falando de forma cordial, agradável, amigável e sincera.

Cozinha: Coloque uma pirâmide vermelha no fogão (que não está aceso) ou na mesa da sala de jantar. Coloque as petições positivas abaixo dela. Por exemplo: "Que nunca falte à minha casa bons projetos e sucesso."

Quarto de dormir: Selecione uma pirâmide de acordo com os desejos: **Rosa:** Para melhorar a comunicação com o seu parceiro. **Vermelho:** Se você quer animar a sensualidade e paixão. **Verde:** Se você quer melhorar as questões de saúde e bem-estar. **Branco:** sombra ideal para qualquer necessidade. **Violeta:** promove o crescimento espiritual.

Estudo ou Escritório: Coloque uma pirâmide de madeira e descanse sob ela por 15 minutos. Então visualize o que você quer fazer, por exemplo, terminar estudos, fazer uma especialização, ter mais clientes, etc.

Garagem: Coloque uma pirâmide de madeira ou papelão pintada de verde ou roxo no teto do seu carro por nove noites. Abaixo dele, coloque um pedaço de papel no qual você escreveu seus desejos, por exemplo: "Que minha família e minha casa sejam protegidas de acidentes, roubos e perigos".

Sobre o promotor

Além de seus conhecimentos astrológicos, Alina Rubi tem uma formação profissional abundante; possui certificações em Psicologia, Hipnose, Reiki, Cura Bioenergética com Cristais, Cura Angélica, Interpretação de Sonhos e é Instrutora Espiritual. Ruby tem conhecimento de Gemologia, que ela usa para programar pedras ou minerais e transformá-los em poderosos Amuletos ou Talismãs de proteção.

Rubi tem um carácter prático e orientado para resultados, o que lhe permitiu ter uma visão especial e integradora de vários mundos, facilitando soluções para problemas específicos. Alina escreve os Horóscopos Mensais para o site da Associação Americana de Astrólogos, você pode lê-los no site da www.astrologers.com.

Neste momento, ele escreve uma coluna semanal no jornal El Nuevo Herald sobre temas espirituais, publicada todos os domingos em formato digital e às segundas-feiras em papel. Ele também tem um programa e o Horóscopo semanal no canal do YouTube deste jornal. Seu Anuário Astrológico é publicado todos os anos no jornal "Diario las Américas", sob a coluna Rubí Astrologa.

Rubi escreveu vários artigos sobre astrologia para a publicação mensal "O Astrólogo de Hoje", ministrou aulas de Astrologia, Tarot, Leitura de Mãos, Cura de Cristais e Esoterismo. Tem vídeos semanais sobre temas esotéricos no seu canal do YouTube: Rubi Astrologa. Ela teve seu próprio programa de Astrologia transmitido diariamente através do Flamingo T.V., ela foi entrevistada por vários programas de TV e rádio, e todos os anos seu "Anuário Astrológico" é publicado com o horóscopo signo por signo, e outros tópicos místicos interessantes.

É autora dos livros "Arroz e feijão para a alma" Parte I, II e III, uma compilação de artigos esotéricos, publicados em inglês, espanhol, francês, italiano e português. "Dinheiro para Todos os Bolsos", "Amor para Todos os Corações", "Saúde para Todos os Corpos", Anuário Astrológico 2021, Horóscopo 2022, Rituais e Feitiços para o Sucesso em 2022, Feitiços e Segredos, Aulas de Astrologia, Chaves para a Prosperidade, Plantas Mágicas, Banhos Espirituais, Rir da Vida Antes da Vida Rir de Você, Aulas de Tarot, Interpretação de Velas, Rituais e Amuletos 2022, 2023, 2024 e Horóscopo Chinês 2023, 2024 todos disponíveis em cinco idiomas: Inglês, Italiano, Francês, Japonês e Alemão.

Rubi fala inglês e espanhol perfeitamente, combinando todos os seus talentos e conhecimentos nas suas leituras. Atualmente reside em Miami, Flórida.

Para mais informações, visite **o site** da www.esoterismomagia.com

Bibliografia

Material dos livros "Amor para Todos os Corações", "Limpezas Espirituais e Energéticas", "Dinheiro para Todos os Bolsos" e "Saúde para Todos os Corpos" publicados pelo autor.